UNE COLLECTION DIRIGÉE PAR PATRICE FRANCESCHI

Il y a 2 500 ans, Pindare disait : « N'aspire pas à l'existence éternelle mais épuise le champ du possible. » Cette exhortation à un dépassement de la vie était aussi un appel à la liberté et aux liens qui l'unissent à l'esprit d'aventure.

Vingt-cinq siècles plus tard, l'énergie vitale de Pindare ne serait-elle pas un remède au désenchantement de nos sociétés de plus en plus formatées et encadrées ? Et l'esprit d'aventure l'un des derniers espaces de liberté où il serait encore possible de respirer à son aise, d'agir et de penser par soi-même ?

C'est sans doute ce que nous disent les livres qui, associant aventure et littérature, tentent de transformer l'expérience en conscience.

Patrice F.

TRAVELLING

ISBN 978-2-7578-8365-5
(ISBN 978-2-7096-5969-7, 1re publication)

Christian Garcin
Tanguy Viel

TRAVELLING

UN TOUR DU MONDE SANS AVION

JC Lattès

« Un tour du monde sans avion », telle est la formule par laquelle nous avons le plus souvent nommé notre voyage. Car c'en fut la seule règle établie, celle qui justifie qu'on ait mis tout ce temps, cent jours exactement, pour seulement faire une boucle dans l'hémisphère Nord, sur une bande qui s'étend du 35e au 55e parallèle. Nous avons voyagé en cargo, en train, en voiture, en bus, mais pas en avion. Nous avons suivi une longue ligne presque circulaire, d'est en ouest en partant de Marseille, traversant l'Atlantique puis les États-Unis, le Pacifique et le Japon, la Chine et la Russie puis l'Europe jusqu'à Paris – quelque chose comme le voyage de Phileas Fogg mais à l'envers et en un peu plus long, volontairement plus long même, à l'opposé presque du pari qu'il fit quant à lui de la vitesse et de la performance.

Nous n'avons pas construit notre voyage en référence à Jules Verne mais quand même il fut là, comme une ombre portée, dès lors que le seul signifiant « tour du monde » semble à jamais lui appartenir. Pourtant Jules Verne lui-même ne fit que tomber sous le charme d'une expression qui séduisait son époque : c'est ainsi, en 1870, qu'un certain George Train, homme d'affaires américain dont on dit qu'il inspira l'écrivain, venait d'accomplir la boucle en moins de 80 jours. Bientôt la journaliste Nelly Blye le ferait en 72 jours. Et puis le même George Train, sans doute un peu vexé qu'une femme lui volât la vedette, descendit le record à 67 jours, comme manié par l'orgueil de cette grande partie de main chaude que justifiait le progrès, si le progrès ainsi entendu, le progrès comme domestication de la Terre, fut bien le fantasme autant que le symptôme de ce temps-là, il y a cent cinquante ans.

Notre voyage aussi, peut-être, est un symptôme de notre époque, quand paraît si loin l'émerveillement vernien pour la vitesse et le temps gagné, et qu'il semble au contraire, presque symétriquement, et à moyens de transport égaux, que nous ayons cherché l'opposé : un dépliement de l'espace, par quoi prendre une autre mesure, plus diffractée peut-être, de la planète – non pas qu'on soutiendrait l'idée absolument inverse d'une lenteur sans limites, mais enfin, il est vrai, en romantiques attardés, qu'à la performance on aura volontiers opposé la promenade, à la vitesse la flânerie, enfin, en bons bouddhistes zen, à l'œuvre accomplie le trajet qui y mène.

Ce voyage ne fut pas non plus celui de deux aventuriers. Il fut effectué dans les conditions très confortables et désormais quasi unifiées du tourisme mondial, par quoi l'on peut réserver depuis chez soi une voiture à Chicago et une maison d'hôte en Sibérie, qu'une agence de voyages s'occupe de vos billets de cargo et une autre de prendre vos visas. Si aventure il y eut, ce fut ailleurs, dans l'angle ouvert de la perception, là où le grand combat persiste : celui du monde et de sa percussion, de l'expérience et de son expression, de la beauté et de sa prise.

Départ(s)

Du voyage

Tout cela, au fond, pourrait n'être qu'une affaire de généalogie : deux arrière-grands-pères navigateurs, l'un des deux fils de paysan, jeté en pleine mer comme par hasard, et pour fort peu de temps car mort à moins de quarante ans, l'autre rejeton d'une longue lignée de marins, mousse parti en Patagonie à douze ans, puis commandant dans la marine marchande, ayant fait plusieurs fois le tour du monde, du Chili au Japon, de Singapour à Panama, deux ancêtres ayant vu du pays, comme on dit, figés sur les photos sépia, le regard porté loin, l'un Corse l'autre Breton, et la fille d'un des deux, ma grand-mère maternelle, m'exhortant à devenir marin comme son père, et comme lui à voyager en Chine, au Japon et ailleurs. Ce que je fis, pour partie du moins. Et m'apprête à faire à nouveau, traversant comme lui deux océans sur des navires de la marine marchande, et accostant, à l'issue de la deuxième traversée, à Yokohama comme il le fit souvent.

Tout serait-il à ce point *dicté* ?

Fos-sur-Mer. Nous devions prendre le large cet après-midi, mais le départ est reporté de 36 heures. Comme nous n'y pouvons rien, nous nous efforçons de cultiver notre stoïcisme. Quatre jours sans bouger de la maison sous une pluie battante, puis deux dans ce cargo à quai, nous voici à la fois englués dans l'extrême immobilité, et tendus au seuil de l'extrême mobilité, marquant l'arrêt comme deux braques allemands, ou deux setters anglais, prêts à parcourir le globe en son entier – pour ramener quel gibier ?

Nous voici donc dans notre *owner twin cabin* de 21 mètres carrés, où notre espace vital minimal est à peu près garanti. Le capitaine est russe, comme la moitié des membres de l'équipage, l'autre moitié étant principalement constituée de Philippins. Il y a aussi un Polonais, un Ukrainien d'Odessa, et un Roumain de Constantza. Côté passagers, un seul compagnon de voyage pour l'instant : Jean-Claude, un Belge de bientôt soixante-dix-sept ans (l'âge limite, aussi bien pour lire *Tintin*, surtout si on est belge, que pour embarquer sur un cargo) qui vit à Biarritz.

Un voyage de presque quatre mois, donc, dont un de mer. Nous sommes deux écrivains, nous voyageons ensemble, et nous allons écrire sur notre voyage.

La difficulté, lorsqu'un écrivain se met à écrire sur son rapport aux voyages et à l'ailleurs, est de savoir naviguer (justement) entre deux écueils : la posture de l'aventurier, et l'ironie.

Peut-être, donc, commencer par fixer les limites : pour ce qui me concerne, j'ai écrit des livres autour de certains de mes voyages, mais je ne suis pas ce qu'on appelle un « écrivain-voyageur ». Je n'ai rien contre ceux que l'on désigne sous ce terme, mais il me semble qu'il s'agit d'écrivains qui pour l'essentiel n'écriraient pas, ou n'auraient pas écrit, s'ils n'avaient pas voyagé. Ce qui n'est pas mon cas : mes livres sont nombreux qui n'entretiennent aucune espèce de relation avec le déplacement géographique. Je suis encore moins un « écrivain-baroudeur » (forme supérieure de l'écrivain-voyageur) qui étalerait ici et là les rudes et viriles galères de ses expériences extrêmes. Mais je ne suis pas non plus un non-voyageur absolu, voire militant, une sorte de citadin (ou rural) sédentaire et fier de l'être qui sourit d'un air entendu à la fameuse phrase de Beckett : « On est cons, mais pas au point de voyager pour le plaisir » – au demeurant ce n'est pas Beckett qui a dit cela, mais un de ses personnages dans *Mercier et Camier*, ce qui n'est pas exactement la même chose (sans compter que tout ce que dit Beckett n'est pas non plus parole d'Évangile).

Et puis après tout, pourquoi ne voyagerait-on pas *pour le plaisir* ? Stevenson ne disait pas autre chose : « Je voyage pour le plaisir de voyager. L'important est de bouger, d'éprouver de plus près les nécessités et les embarras de la vie, de quitter le lit douillet de la civilisation, de sentir sous mes pieds le granit terrestre et les silex épars avec leurs coupants. »

L'erreur serait sans doute de raisonner de façon binaire et d'opposer les tenants du voyage et de l'ailleurs, qu'on assimilerait ainsi à des sortes d'instables qui sautillent de lieu en lieu et ne tiennent pas en place, à ceux de l'intériorité, de la profondeur et de la connaissance intime de soi et du monde. Les excités *versus* les réfléchis, les extravertis *versus* les introvertis, les fantaisistes *versus* les sérieux – toutes ces classifications hâtives qui simplifient au maximum et évitent la complexité. Le voyage tel que je l'entends ne se limite évidemment pas à une succession de belles photographies à partager entre amis, mais s'apparente, dans le meilleur des cas, à une expérience profonde, intime, déstabilisante parfois, enrichissante toujours, à un déplacement dans la géographie mais aussi dans l'histoire et dans le temps, aussi vertical qu'horizontal, qui entraîne souvent une féconde et déstabilisante perte de repères – ce qui, à l'occasion, n'empêche pas les belles images.

Deleuze, pour qui le voyage était « une rupture à bon marché », a repris à son compte la phrase de Beckett dans son *Abécédaire* – à la lettre V, comme « voyage ». Mais il module un peu son propos par la suite. Évoquant Stevenson, Lawrence ou Le Clézio il indique : « il y a trop de grands écrivains pour lesquels j'ai une grande admiration et qui ont un sens du voyage », avant d'admettre que son rejet du voyage ne concerne que *lui*, que ses intensités *à lui* sont des « intensités immobiles » liées à la lecture et la musique, que ce sont ses terres étrangères *à lui*, et que de ce fait il n'a pas besoin d'aller les chercher ailleurs – ce qui est parfaitement recevable : ces intensités immobiles-là, un voyageur, écrivain ou pas, peut les éprouver aussi. C'est d'ailleurs mon cas. Et puis Beckett, aussi bien que Deleuze, n'ont peut-être jamais vraiment expérimenté le voyage autrement que dans le cadre de conférences ou de séjours touristiques, et jamais dans le sens de découverte, de déstabilisation, de perte de repères, d'ouverture sur une autre dimension de l'expérience au monde, toutes choses que pour ma part j'entends expérimenter lorsque je voyage, et surtout lorsque je cherche à « aller voir là-bas si j'y suis », en somme, à tenter de rejoindre je ne sais quelle image de moi-même à travers le regard des autres dans ces illusoires bouts du monde que la cartographie a préalablement fabriqués, et l'imaginaire habillés. Toutes choses que, plutôt que de les regrouper sous le terme de « voyages », je préférerais donc qualifier d'« expériences de l'ailleurs ». Sinon, à quoi bon partir ?

Disons donc que je suis un écrivain qui a le goût du voyage et qui, parfois, voire souvent, *transvase* ses expériences de voyageur dans les fictions, ou les non-fictions, qu'il met en place – puisque « vidange et transvasement », écrivait Elias Canetti, « sont à la base de toute littérature ».

Comment nous sommes-nous retrouvés ici, sur ce cargo porte-containers de 290 mètres sur 30, qui dans une douzaine de jours nous déposera dans le port de New York, via Barcelone et Valence ? C'est tout simple : à la suite d'un malentendu. Un jour de mars 2014, je rentrais de Los Angeles je crois, ou alors de Milan, c'était en avion en tout cas, et je m'étais rendu compte que depuis le début du mois de janvier j'avais effectué dix-neuf décollages, et (heureusement) autant d'atterrissages. Mon « bilan carbone » était déplorable (il l'est toujours). Je m'étais dit que mon prochain grand voyage, ou un des prochains, serait un tour du monde « écolo », sans avion : en bateaux, trains et voitures. J'ignorais, à l'époque, que les cargos étaient eux aussi d'énormes pollueurs. Voilà le malentendu. Le projet, cependant, était lancé. En outre, cela me permettrait de poursuivre une de mes marottes : éprouver la géographie du monde, mesurer l'espace à vitesse réduite, sentir physiquement, moins qu'en voilier, en vélo ou en marchant à pied, certes, mais davantage qu'en avion, ce qu'est l'immensité maritime des océans, ou terrestre de la Russie par exemple (pour cette partie-là, ce ne serait pas la première fois). La vitesse d'un porte-containers est d'environ 20 nœuds, soit 30 kilomètres/heure, celle du ferry Japon-Chine aussi, quant au transsibérien il ne dépasse pas les 75 kilomètres/heure. Il n'y aurait que la voiture aux USA, mais on resterait bien en deçà des TGV et autres avions de ligne. Quelques mois plus tard je parlai de ce projet à Tanguy, chez lui, en Touraine, en lui disant que je cherchais un compagnon de voyage, mais sans imaginer que cela l'intéresserait de se joindre à moi. Or ce fut le cas. Voilà comment, quatre ans après, nous nous retrouvons sur le *CMA-CGM Puget*, en attente de partance pour New York, notre première étape.

Ceindre la Terre

De la même manière que quelquefois on voudrait embrasser toute la matière autour de soi, d'un amour effusif la voir se perdre en nous, de la même manière peut-être, certains voyages, de ce geste rêvé, configurent le désir. Ainsi des mois qui précédèrent le départ, où chaque soir dans mon lit, j'ai parcouru le cercle entier du 40e parallèle et cru si souvent faire mentalement cela : ceindre la Terre. Voilà même qu'à seulement rêver cette longue phrase qui s'écrirait bientôt le long de deux océans et de trois continents, la distance se réduisait doucement, domestiquée par la pensée nocturne et presque modéliste, de sorte que même les immenses plaines de l'Ouest américain, même l'immense Pacifique et même l'immense Russie n'apparaissaient plus, peu à peu, que comme le décor d'un plateau de jeu où se déplacer d'un coup de dés jusqu'à la case départ – puisque c'est elle aussi, la case départ, qui servira d'arrivée. C'est l'avantage d'une boucle, que du moindre pas fait en direction du large, du moindre regard posé sur l'horizon, quelque chose nous met déjà sur le chemin du retour. Je pars signifie en fait je reviens. Sans doute, de me dire cela, ces mêmes soirs précédant le départ à l'ombre de ma vie sédentaire, ce fut ma manière à moi de négocier l'obstacle, de ruser peut-être avec l'anxiété diffuse, laquelle ne pouvait s'empêcher de murmurer si souvent sa question : « Mais quelle mouche t'a piqué de vouloir faire ce voyage ? »

Il faut dire que je ne suis pas par nature un voyageur – un touriste, peut-être, quelquefois, mais pas un voyageur, et si Christian qui m'accompagne n'avait par hasard évoqué son projet dans mon jardin un jour de septembre 2014, s'il n'avait à demi-mot laissé entendre qu'il cherchait un compagnon de route, la pensée même d'un tel voyage ne me serait jamais venue à l'esprit. D'ailleurs, il n'est pas juste de dire que Christian m'accompagne, car c'est le contraire. C'est moi qui l'accompagne. Des deux, je suis volontiers celui qui se laisse guider par plus adulte que soi et dans la pénombre encore de ma chambre, regardant la lune à travers mon velux, je ne vois vraiment pas la différence avec l'enfant qui fomentait une fugue qu'il ne fit jamais. Mais c'est bien ainsi, il faut quelquefois que d'autres inventent la vie pour nous et qu'au vol on saisisse une occasion de faire ce qui ne nous ressemble pas, ou bien ne le sait-on pas encore, que ça nous ressemble, ou mieux : cela nous ressemblera après-coup, s'il est vrai que nous ne sommes peut-être pas autre chose que le regard arrière que nous produisons sur nous.

Mais en attendant, c'est à peu près comme si un autre que moi, un autre qui avait dit « chiche, on y va », une sorte d'adolescent inconséquent qui se hausse du col, allait maintenant préparer sa valise. De là qu'il m'est arrivé souvent de croire que je rêvais, à proportion inverse de l'approche du départ, à mesure que se précisaient les visas, les routes, les hôtels, et jusqu'à la valise ouverte sur le sol de ma chambre que quelquefois je regardais en me demandant toujours si c'était bien moi qui étais en train de la faire – non, bien sûr, ce n'est pas moi, me disais-je, ce n'est pas moi, le type à genoux sur le sol qui cale ses chaussettes dans un sac, celui-là est en train de rêver – vous connaissez ce sentiment, n'est-ce pas, qui fait comme un petit choc électrique à même le cerveau quand survient si vivement le sentiment de l'irréalité, qu'alors s'ensuit cette légère panique et dérobade de la conscience, avec l'idée qu'on va se réveiller bientôt. Mais quand je me suis réveillé vraiment, je crois que j'étais déjà dans la voiture qui m'amenait à Marseille, les bagages bien posés dans le coffre d'une grosse Peugeot toute neuve qui fonçait sur l'autoroute.

Voilà comment les choses prosaïquement commencèrent un matin de pluie hésitante et puis s'étiolant, la pluie, à mesure des kilomètres accomplis vers le sud. C'était un covoiturage : un militaire endormi à l'arrière, un topographe qui écoutait Nick Cave et puis le conducteur qui semblait avoir trouvé là, au volant, un second métier, étant passé maître dans cet art pionnier de remplir sa voiture avec des inconnus, qui assez vite cependant ne le seraient plus, des inconnus, balayés qu'on fut par la batterie des questions d'usage et réciproquement posées, quelque chose comme « d'où viens-tu, que fais-tu, où vas-tu » – si peu alors nous sépare les uns les autres, pensais-je, quand on se met à évoquer l'ordinaire de nos vies, pris dans les mêmes archaïques tenailles où s'entremêlent pour tous les mêmes questions.

Même le fait d'annoncer que je partais pour quelques mois faire le tour du monde, cela ne parut pas résonner comme un événement dans l'habitacle de la grosse Peugeot, sans doute parce que je me suis arrangé pour le tempérer, sans doute aussi parce que cent jours autour du monde, en 2018, cela relève presque de l'ordinaire, n'était le sédiment d'imaginaire qui tapisse encore la roche profonde de notre conscience collective, mais pour le reste, chacun ressent qu'on tourne autour de la Terre comme aussi bien on prendrait unc ligne de tram d'un bout à l'autre, en regardant le ciel défiler au-dessus des nuages. À ceci près que nous, Christian et moi, nous ne prenons pas l'avion.

Encore qu'à subir les cinq jours de retard de notre cargo dans le port de Marseille, à regarder la pluie tomber sans cesse derrière les fenêtres d'un appartement d'Aubagne, on finisse par se dire que si ça continue, on pourrait transgresser la règle et se rendre à New York en Airbus A330. Non, bien sûr que non. Au contraire, attendre ainsi derrière le rideau de pluie qui n'a cessé trois jours durant nous ramène loin en arrière, à ces histoires de marins d'autrefois où dans les tavernes les rumeurs allaient bon train sur l'arrivée d'un baleinier qui pourrait embarquer l'un ou l'autre – ainsi de nous peut-être, arpentant les quais du vieux port de Marseille en enviant chaque bateau qui s'aventure au-delà du Frioul, se languissant d'embarquer sur ce porte-containers qui un jour prochain, c'est sûr, nous emmènera à New York. Et c'est ce qui arriva, qu'au matin du 14 avril, on finit par monter la longue passerelle métallique qui mène du quai à vingt mètres plus haut, sur le pont inférieur d'un porte-containers appelé *Puget*, du nom du sculpteur qui fit, entre autres, un célèbre buste de Louis XIV. Je me demande par quel tour d'esprit un bâtisseur de navires peut avoir décidé d'honorer la mémoire d'un vieux sculpteur à la cour de Versailles, mais cela, ce n'est pas le capitaine russe qui nous accueille sobrement qui nous donnera la réponse. Ni aucun autre membre de l'équipage nous guidant à travers les étages, parlant cet anglais des navires qui n'a sans doute rien à envier à celui des aéroports, mais qui nous signifie que cette fois, voilà, même encore à quai, on est vraiment partis.

Atlantique

Cargo 1.1

Devant la fenêtre-hublot juste au-dessus du bureau, les containers s'envolent, hissés, déplacés, déposés par un grand portique bleu qu'on appelle « gerbeur », sorte de mante religieuse géante équipée de pinces jaune vif (« palonniers ») qui viennent s'insérer dans des encoches situées à leurs angles et les soulèvent avec légèreté, presque avec grâce. Le contraste est assez fascinant entre les dimensions colossales des gerbeurs, la taille des containers (20 ou 40 pieds – 6 mètres environ, ou 12) et l'aisance, la vitesse, l'aérienne fluidité avec laquelle ils sont trimballés. Et je pense au Taj Mahal à Agra, si massif, presque d'un bloc, dont le peu d'ouvertures, remplies de treillis de marbre, sont fausses et n'ouvrent sur rien – et qui pourtant semble flotter, léger comme une bulle.

Sur le quai, les containers sont bleus, rouges, verts (« China shipping »), orange (« Hapag-Lloyd ») ou argentés (« Maersk Sealand »). Sur le cargo, ce sont majoritairement des bleus, tous estampillés « CMA-CGM ». Tous ou presque, car quelques-uns sont blancs – les frigorifiques. Nous décidons que les couleurs varient en fonction des compagnies. Mais c'est peut-être plus complexe, ou en tout cas moins clairement défini, car les rouges, eux, ne semblent pas appartenir à une compagnie précise : ils portent l'inscription « Triton » ou « Tex » (« Textainer Group Holdings »), qui sont des entreprises de location de containers.

*

En Chine, les étudiantes en français que j'ai pu rencontrer choisissaient toutes de porter un prénom français. Je me souviens de Huei Min se faisant appeler Catherine, de Yi Ping, Cécile, ou de Shang Wenjie, Laure (cette dernière, dont je trouvais qu'elle avait une belle voix grave, était devenue quelques années plus tard chanteuse populaire de mélodies sentimentales et sucrées après avoir remporté une sorte de Star Academy chinoise). Sur le cargo, il en va de même, j'imagine, pour les Philippins : leurs véritables prénoms sont peut-être Bayani, Datu ou Kidlat, mais c'est

Sydney qui nous a conduits jusqu'à notre cabine, Mark qui m'a indiqué comment fonctionnait la bouilloire, Gilbert qui prépare les repas, et Henry qui débarrasse les tables et fait office de steward.

Jerzy, un Polonais, est le *chief engineer*, souriant et courtois. Les deux *third officers* sont Dragos, un Roumain de Constantza, et Vlad (Vladislav) un Ukrainien d'Odessa qui prononce son prénom avec le « l » qui sonne un peu comme un « w » (« Vwad »). Tous deux conversent en anglais, car Dragos ne parle pas russe. Vlad oui, comme tous les Ukrainiens ou presque, mais lorsque nous abordons cette question de la langue il fait tout de suite allusion à ceux qui, chez lui, estiment qu'il faut parler ukrainien, et bannir le russe. Lorsqu'ils sont de quart, nous pouvons accéder à la passerelle, autrement dit le poste de pilotage, avec ses grandes baies vitrées que protège un tain grisâtre. Outre la vue qui s'y déploie, le lieu possède un autre avantage : c'est là que se trouve le percolateur qui nous permettra de boire, de temps à autre, un vrai café.

*

La nuit sur le port, c'est le ballet des chariots porte-containers, ou « portiques automoteurs », ou « cavaliers gerbeurs », bleus, hauts sur pattes, qui déplacent les containers, au sommet desquels le conducteur (« pontonnier »), dans sa petite cabine vitrée à huit mètres du sol, conduit son engin à la manière d'un crabe, de biais par rapport à la route. Les gerbeurs quant à eux sont deux à présent, et semblent accélérer le mouvement, ce qui laisse présager un départ dans la journée.

Et à 11 heures en effet, nous sommes partis – sans même nous en apercevoir, occupés l'un et l'autre dans la salle de sport, car l'immobilité finissait par peser, qui à pédaler, qui à courir sur le tapis roulant, ne nous avisant du départ que par le hasard d'un regard à travers le hublot où soudain, devant les alignements de containers disposés multicolores sur le quai, se révéla une bande de mer qui peu à peu grandissait.

Vers le réel

Quelquefois quand on écrit, il faut savoir se coltiner le réel, surtout si ce même réel prend la forme d'un porte-containers de 140 000 tonnes qui fait filer sa masse à vingt nœuds sur la mer et vient s'amarrer dans les plus grands ports du monde – cela, alors même qu'une pente presque naturelle pourrait nous faire reculer devant lui, le « réel », non pas tant par décision esthétique que par cette sorte d'aphasie panique qui risque à tout moment de nous saisir devant l'épaisseur des choses, leur intimidante radiation, de sorte qu'en dernier recours, certaines complexions, dont je suis, se réfugient plus volontiers de l'autre côté de la langue, je veux dire, à l'intérieur de soi, retournant la caméra qui nous sert de conscience sur les parois miroitantes de sa propre pensée, au risque des abîmes.

Une partie de ce voyage pourrait consister en cela : me déprendre de cette manie réflexive qui fait que même là, fraîchement embarqué sur un porte-containers de trois cents mètres de long, je suis capable de me replier aussi vite dans le confort de ma cabine, pourvu de me laisser bercer par le mysticisme sans éclats de ce que d'aucuns appelleraient « la vie intérieure ». La chose est d'autant plus tentante qu'il y a mille points communs entre les traits d'un voyage en cargo et ceux d'une retraite dans un monastère : les heures y passent aussi lentement, aussi calmement, aussi sereinement, et si on se laisse ainsi porter, seuls les repas scandent véritablement les journées, faisant naître le sentiment rare d'avoir quitté le monde séculier pour celui de la vie régulière – et quoique l'affaire ne soit vécue comme ça que par les quelques demi-aristocrates que soudain nous sommes, passagers tolérés par la compagnie maritime, encellulés pour le plaisir d'une vacance plus pure encore que dans nos foyers respectifs, mais au milieu de marins et manœuvres qui, eux, gagnent leurs vies à dix mille kilomètres de chez eux, et n'ont sans doute que faire de cette écoute pour ainsi dire contemplative du temps.

D'ailleurs, même pour moi, la contemplation a ses limites et dans le dessein qui est le mien au cours de ce voyage – celui d'ouvrir portes et fenêtres à l'air du monde en vrai ? – il devient urgent que la caméra quitte provisoirement son terrier, qu'elle remonte du fond de la grotte intérieure pour, dans sa solide avancée et plus sûrement qu'Orphée, retrouver la lueur du jour. Lueur est assez. Nul besoin du soleil en son zénith. Mais enfin prendre l'air, à l'aube, sur le pont, est essentiel – que la lumière manque un peu, oui, bien sûr, j'y tiens, assez convaincu que l'écriture en est la trace, de ce manque même, qu'en lui elle creuse et se complaise, qu'elle y trouve ses tours et ses tropes sans lesquels, installée dans la suffisance et la plénitude, elle n'inventerait plus rien. Mais à l'inverse, il importe qu'elle, l'écriture, reçoive au moins, dans la persistance de sa rétine, les ombres du dehors. Et si le dehors en question est un cargo arrimé dans le port de Marseille en partance pour New York, de fait bardé de tous les attributs de l'exotisme et de l'activité, il y aurait presque un scandale à ne pas s'efforcer d'en représenter la silhouette. Autrement dit : sortir de notre cabine et toquer, autant qu'il est possible, à la porte de la matière. Et si d'aventure ladite porte ne s'ouvre pas d'elle-même, à cause que vous ne toquez pas assez fort peut-être, ou bien qu'elle n'a pas été ouverte depuis si longtemps, alors ne pas hésiter à la forcer un peu. « Trouver les mots pour ce qu'on a devant les yeux, écrit Walter Benjamin, comme cela peut être difficile. Mais lorsqu'ils viennent, ils frappent le réel à petits coups de marteau jusqu'à ce qu'ils aient gravé l'image sur lui comme sur un plateau de cuivre. »

Alors mettons que je fasse cet effort-là moi aussi, de graver doucement le métal en un exercice de dinanderie littéraire : là, dans le port de Fos-sur-Mer où nous venons d'embarquer, tandis que nous n'avons pas encore fait un mètre sur l'eau, depuis les hautes passerelles d'acier où l'on s'accoude, s'étend face à nous le champ bitumé des containers. La surface en est plane, marquée au sol de lignes blanches ou jaunes, quadrillée comme un grand parking où stationnent les rectangles de tôle, alignés comme autant de pièces d'un puzzle en trois dimensions dont la forme évoluerait sans cesse, trouée ici, rehaussée là, selon les forces d'un mouvement permanent et, vu d'ici, à tort, aléatoire. On croirait observer le plus complexe des jeux de stratégie, dont les règles seraient connues de ses seuls joueurs, c'est-à-dire de ceux qui y travaillent, invisibles, cachés derrière les vitres teintées de mille guérites, camions, ponts roulants ou, plus nombreux encore, conducteurs de petits chariots élévateurs qui déplacent et transbordent sans cesse les pièces du grand jeu pour, soit les déposer là, le long du quai, au pied des navires, soit les y soulever et venir les ranger selon un chiffrement qui nous échappe, lequel en B3, lequel en J4, comme une partie d'échecs qui n'en finirait jamais. D'ailleurs, ces petits chariots qui s'agitent en tous sens sur le plateau de jeu, c'est un hasard bien sûr, mais on les appelle des « cavaliers ».

Et voilà qu'à tribord du cargo s'est installé le grand portique ayant glissé le long des rails sertis dans le bitume, prêt à entamer l'opération du déchargement. Voilà qu'à vingt mètres de haut, le palonnier (ainsi qu'on nomme la pince géante qui viendra saisir le container) se met à coulisser sur les rails suspendus de la grue du gerbeur (ainsi qu'on nomme le grand portique qui actionne le palonnier) jusqu'à parvenir à la verticale du container qu'elle compte remonter. Dans sa cabine de verre, suspendu lui aussi à vingt mètres de haut, le pontonnier (ainsi qu'on nomme l'homme qui dirige les opérations) guide le palonnier qui maintenant s'arrête net au-dessus de la cargaison, comme ayant jeté son dévolu sur tel ou tel container (rempli de quoi ? De Smartphones, de tee-shirts ou de boîtes de conserve, nous ne le saurons jamais), et puis donc descend, balançant légèrement, comme ces machines de fête foraine où l'on met vingt centimes pour capturer une peluche qu'on n'attrapera jamais. Sauf que lui, le palonnier, avec ce nom qui ressemble à un oiseau des mers, il saisira sa proie. Quand les quatre appendices griffus viendront se crocheter sur le toit du container, quand le grutier aura vérifié sa prise, alors les câbles se tendront, les poulies changeront de sens et le container remontera, suspendu à son tour un instant dans les airs, ayant l'air de narguer ses congénères, immobile à peine, hésitant sur son sort avant que la même pince, dans un mouvement net et étonnamment rapide, le ramène à la terre ferme en une parfaite diagonale, c'est-à-dire multipliant l'un par l'autre les deux mouvements perpendiculaires qui le déplacent simultanément du pont vers le quai et de vingt mètres à zéro.

Presque on a du mal à croire que cela se passe à l'échelle 1, à cause que tout ressemble à une grande maquette électrifiée, avec pourtant palans et poulies et pièces de métal géantes qui font se demander dans quelles usines on peut fabriquer des monstres pareils. On dirait que pour l'œil, rien n'est jamais clair, les choses sont toujours ou bien trop grandes ou bien trop petites, mais toujours hors de proportion. Peut-être est-ce cela, se coltiner le réel : n'en jamais finir de redimensionner, tel qu'en lui-même l'éternité le change, le visage du monde.

Ici plus qu'ailleurs : à cause de la taille du bateau ou bien du type d'opérations. Et ce serait pire encore de vouloir décrire les mouvements du départ, les bateaux pilotes qui viendront guider le navire et le sortir du port, quand sur la passerelle officie le capitaine et qu'on peut mesurer, au silence qui règne soudain, l'importance de chaque ordre et de chaque décision. Je mesure cela aussi : que les mots du capitaine frappent plus nettement que les miens le grand plateau de cuivre, du genre d'usage du langage qui n'est donné qu'aux hommes d'action, celui de faire se mouvoir les choses. Car le capitaine parle et le bateau se meut.

Cargo 1.2

C'est sur le fleuve Ienisseï que j'avais appris la signification du terme « rade foraine ». Un de mes compagnons de voyage, officier de marine et poète à ses heures, m'avait expliqué qu'il s'agissait d'un lieu d'ancrage ouvert, en pleine mer, où patientait le navire en attendant d'avoir accès au port. C'est la situation dans laquelle nous nous trouvons, arrivés à Barcelone dans la nuit, mais forcés d'attendre à l'arrêt avant d'y accéder – peut-être en fin de matinée. Puis nous partirons pour Valence, peut-être demain matin. Puis pour New York, peut-être après-demain. Ce qui nous y ferait, peut-être, arriver le 28 ; c'est en tout cas ce que nous a dit le capitaine, en précisant toutefois que cela dépendra de la météo. Le transsibérien, par sa vitesse réduite et la durée du parcours, est une école de la patience, me suis-je souvent dit – mais au moins il arrive et part aux heures prévues. En cargo, outre la lenteur, il y a donc les retards, qui peuvent être considérables. Une autre expérience de la durée, et du temps qui se dilate.

L'arrivée à Barcelone est saisissante, ai-je pensé, mais il est vrai que je manque de pratique, et sans doute ne l'est-elle pas davantage que n'importe quelle autre entrée dans n'importe quel autre port – mais tout de même, ai-je insisté, celle-ci vaut le coup d'œil, surtout sous ce soleil printanier, avec cette eau bleu foncé puis verte, la côte qui se déploie et ondule peu à peu, les bateaux qui entrent (nous), sortent (le *Tosca*, un porte-containers jumeau du nôtre, puis un paquebot de croisière) ou qui sont, comme nous l'étions, en rade foraine (deux pétroliers), la ville qui est si plate, mais vu de la mer beaucoup de villes sont plates je suppose, à peine rehaussée de quelques tours en bord de mer et, à l'arrière-plan, des quatre flèches de la Sagrada Familia, les avions qui ne cessent de se poser et décoller de l'aéroport un peu plus bas, et les grands insectes métalliques qui patientent à quai, pattes dressées en attente de proies, ces gerbeurs-mantes religieuses qui ici sont jaunes et non bleus comme à Fos.

Cargo 1.2

Tobias, un jeune Suisse musicien, nous a rejoints. Nous voici quatre à présent.

*

Valence. Pendant une heure nous assistons, sur le pont, au chargement et déchargement des containers saisis par les palonniers suspendus à leurs longs filins, et entreposés au millimètre dans les espaces béants comme dans un jeu de Lego, ou déposés sur les camions qui les attendent aux pieds des gerbeurs. C'est un bel ensemble, à la chorégraphie parfaite. Enthousiastes, nous décidons d'un commun accord que le port de Valence est plus beau que ceux de Fos et Barcelone. Mais au fond, qu'est-ce qui fait la beauté d'un paysage – ou, ici, d'un port de commerce ? Est-ce la proximité du port de plaisance, dont les bateaux se pressent derrière les murs de containers d'où dépassent leurs mâts dressés comme des lances d'Uccello ? De la plage de sable et des collines derrière, qui vibrent sous le soleil de midi ? De la ville tout à côté, dont on perçoit, depuis le pont, la circulation incessante, les artères rapides ? De la disposition des quais, de leur rigoureuse géométrie ? De la taille colossale des navires, placides sur l'eau verte, en attente de départ ? Du nombre de containers, bien supérieur semble-t-il à celui des deux autres ports ? Ici ils sont assemblés sur cinq niveaux, si bien que ce ne sont plus des « cavaliers gerbeurs » qui les chargent et les déposent au pied des grands portiques, mais des ponts roulants, beaucoup plus haut, qui les déposent sur des camions, lesquels viennent se positionner en bas des gerbeurs.

*

Une hirondelle a pris possession du bateau, passe devant notre hublot, tourne autour des containers, s'engouffre entre les ponts, nous accompagne tout du long. Je ne sais s'il faut s'en réjouir : ces animaux sont grégaires, ou du moins vivent en couple, à ce que je crois savoir, or celle-ci semble isolée de ses congénères. J'imagine pourtant qu'après avoir franchi des milliers de kilomètres depuis l'Afrique, ce ne sont pas les dizaines qui nous séparent des côtes espagnoles qui lui seront un obstacle lorsqu'il s'agira de les rejoindre. Plus tard je me rends compte, assez soulagé je dois l'admettre, qu'en fait elles sont deux – un couple, donc. Et même trois. Peut-être font-elles simplement escale sur le bateau entre Afrique et Europe, et rejoindront-elles bientôt le continent. À moins qu'elles nichent ici (mais où faire son nid sur un porte-containers ?), et s'apprêtent à faire avec nous la route jusqu'à New York – ce qui serait un surprenant détour dans leur itinéraire migratoire.

*

À minuit nous passons Gibraltar et son gros rocher, posé là comme une météorite abandonnée. Les idées reçues ne valant que par le démenti qu'on leur apporte, nous constatons que le rocher ne marque pas le détroit, lequel se situe un peu plus loin, après une vaste baie.

Le mot mer

Il est nécessaire que le titre de ce chapitre contienne le mot « mer ». D'une part parce que c'est à peu près la seule chose qui nous entoure depuis une semaine, d'autre part parce que j'ai remarqué que le mot mer, tout titre qui s'en empare y gagne aussitôt sa teneur en poésie. Quelques exemples : « Seule la mer », « De l'autre côté de la mer », « La mer de la fertilité », « Au bord de la mer bleue », « La mer la mer », ou même tout simplement « La mer ». Au fond, il suffirait peut-être de répéter le mot mer à l'infini pour obtenir le Graal du poème. Ce n'est pas de l'ironie : comment pourrais-je, tandis que j'écris ces lignes au large des Açores, à la merci d'elle pour plusieurs jours encore, fût-elle pour l'heure clémente – et quoique à tout instant, même calme, elle fasse la preuve de sa toute-puissance, quand du pont supérieur je vois les 70 000 tonnes du navire se balancer d'un côté l'autre, mollement basculer parmi la houle qui le soulève d'un rien, en même temps que l'étrave plonge légèrement dans les creux, mélange presque harmonieux de tangage et roulis, selon que la vague pousse ou freine et vient soulever l'un ou l'autre des bords. Et le navire d'hésiter sur ses flancs, aussi nonchalant qu'un éléphant dans les rues d'une ville indienne. Sauf qu'en guise de rues indiennes, la seule marque de l'homme sur tout l'horizon, c'est le bateau lui-même.

Du moins c'est ainsi qu'on le ressent depuis le pont supérieur, en surplomb des trois mille containers arrimés les uns aux autres et qui dessinent du dessus cette silhouette un peu pataude et vacillante, elle-même perdue sur l'étendue bleue, ou grise, selon quel ciel s'y mire et l'éclaire plus ou moins. Du pont supérieur alors, à trente mètres au-dessus des flots, à force de cet angle ouvert à tous les caps, je me trouve moi-même au centre d'un cercle qui par beau temps se déploie au plus large. Il n'y a même que là, dans ce temps vide et sans relief, plus que du haut d'une falaise, plus qu'au cœur d'une grande plaine, qu'on puisse faire l'expérience d'un tel champ homogène de vision. La vue y est tellement haute et dégagée qu'à l'horizon, se perdant dans l'air s'irisant, on croirait voir se dessiner quelquefois la courbure de la Terre, en pressentir la rotondité le long d'une ligne qui semble plier sous le regard – à moins que ce ne soit le travail de notre volonté, capable par seul désir de la faire s'arrondir, mais je préfère croire que c'est vrai et que si j'avais vécu parmi les Grecs anciens il y a deux mille cinq cents ans, j'aurais pu faire une grande découverte.

Sur le pont supérieur, à trente mètres au-dessus des flots, le plus dur en est de redescendre, parce que quelque chose, là, aimante et magnétise l'attention, le regard aussi recommencé que la mer elle-même, au point qu'on se croirait prisonnier d'une micro-boucle temporelle, quand la longue surface de l'eau semble effacer à chaque instant sa propre mémoire, et la nôtre avec elle. Et seulement le navire duquel on se penche sur les passerelles d'acier, seulement lui, continuant de se balancer dans les vagues comme le pachyderme qu'il est, par son pragmatisme d'acier, peut nous ramener au grand récit du monde.

Dans le temps vide de la mer, le rôle de narrateur appartient au bateau. C'est même cela qui nous rend si légers, nous autres passagers, libérés de ce poids que d'habitude on porte, comme tout un chacun, d'inventer le sens des choses. Les transports souvent font cela, de prendre en charge pour un temps l'épaisseur narrative de nos vies, de quand la route est tracée, les coordonnées établies, et qu'alors on n'a plus qu'à narguer l'infini, comme on se promènerait dans un labyrinthe dont on connaîtrait la sortie. Et cela est plus vrai encore quand s'y associe la folle lenteur, qui défie les lois de la destination et crée une sorte de trou de ver où se reposer un instant. Naviguer sur un cargo, plus que tout autre moyen de transport, pourrait ressembler à cela : une dimension jusqu'alors repliée sur elle-même qui s'ouvrirait à la force des heures et de la monotonie.

Je n'ai jamais compris grand-chose aux théories d'Einstein. Comme tout le monde, je me suis laissé dire que le temps influait sur l'espace, ou inversement, qu'en tout cas un rapport presque magique les nouait soudain l'un à l'autre, dans une sorte de tresse qui les rendrait solidaires de leur torsion réciproque. Il en serait un peu de même ici, où l'on se perd entre la lenteur et la longueur, entre les heures et les milles qui séparent Valence, dernier port accosté, de New York, prochain port touché. Le nom des jours eux-mêmes se dissout dans la mer bleue. Même le changement d'heure, de fuseau en fuseau, se dilate au fil des nuits, heure par heure qu'on retire chaque matin aux aiguilles des horloges. Et de la fenêtre de notre cabine, me retournant sur la traînée blanche que laisse sur l'eau l'hélice du moteur, je crois voir chaque méridien s'éloigner à son tour dans notre sillage, en même temps que je m'apprête à plonger si heureusement dans le creux des heures gagnées.

Pourtant, je jure qu'on ne fait rien d'extraordinaire sur un cargo, rien qu'on ne fasse pas déjà la majeure partie du temps chez soi – lire, écrire, et rêvasser un peu –, à ceci près qu'on ne fait *que* cela et qu'alors, méditant sur l'emploi des heures dans la vie dite normale, on s'interroge forcément sur leur ductilité, si glissantes et fugaces quand ici elles semblent se densifier, comme augmentant leur masse et leur force de gravitation, quand soudain la vie apparaît dans son essentielle nudité et qu'on se répète à longueur de journée qu'il n'y a vraiment que ça à faire dans la vie – lire, écrire et rêvasser.

Cargo 1.3

Deuxième changement d'heure.

Outre les trois hirondelles, le navire transporte cinq autres passagers clandestins : des tourterelles, qui ont l'air un peu perdues, ne bougeant qu'à peine des containers sur lesquels elles ont élu domicile.

*

Le sentiment de la géographie, auquel les moyens de transport rapides nous ont peu à peu déshabitués, refait surface, à l'occasion, lors d'expériences de longue durée telle que celle dans laquelle nous nous sommes engouffrés dès l'instant où nous avons passé la porte de Gibraltar. D'ailleurs l'océan s'est mis à s'agiter comme un grand drap qu'on remue, peut-être pour nous souhaiter la bienvenue. Traverser les neuf mille kilomètres qui séparent Pékin de Moscou en transsibérien, les sept mille de l'Atlantique et les neuf mille du Pacifique en bateau, voilà de quoi éprouver physiquement, intimement, l'étendue de ces vastitudes – autrement en tout cas que par une sorte de projection mentale convertissant dans l'espace, mais de manière abstraite, les centimètres représentés sur les cartes. Sous nos pieds la terre et la mer vibreront – elles vibrent déjà. La grande affaire de ce voyage, notamment et surtout pendant le tiers consacré aux traversées transsibérienne et transocéaniques, sera double : l'espace qui nous pénétrera et que nous mesurerons du dedans, en arpenteurs amateurs, et le temps annihilé dans lequel nous nous engluerons, l'un s'éprouvant de manière accumulative, quand l'autre lentement se diluera dans le rituel de lectures, d'écriture, de repas, de siestes, de films du soir et de contemplation parfois béate du dehors. Aucune obligation, personne qui attende de nous quoi que ce soit, rien qui viendrait perturber la perfection de notre inemploi du temps. Déjà, nous ne savons même plus quel jour nous sommes.

Ce matin l'océan s'est un peu calmé. Nous sommes enveloppés d'une ouate de coton grisâtre.

*

Nous passons l'essentiel de notre temps dans notre cabine, mais les incursions au-dehors et les coups d'œil fréquents par le hublot ne viennent pas démentir l'extraordinaire permanence du tableau qui nous est proposé. Tout est à la fois absolument identique et subtilement frémissant et mouvant, à l'infini – je veux dire jusqu'à l'horizon qui limite la vue, bien sûr, mais l'esprit, lui, sait bien que si on se trouvait soudain propulsé à l'endroit précis marqué par l'horizon, celui-ci reculerait d'autant, dans toutes les directions. C'est ainsi que l'œil de l'imagination pallie les carences de l'œil. On s'élève de quelques mètres, centaines de mètres, au-dessus du navire, qui devient vite un point, une flèche plutôt, tournée vers l'ouest, immobile ou presque sur le tapis bleu qui n'en finit pas, et voilà, nous sommes seuls. Lorsque, avant d'embarquer, nous suivions l'itinéraire du navire sur la carte du site *marinettraffic* qui donne en temps réel les positions des bateaux sur les mers et les océans, ceux-ci pullulaient de tous côtés, on aurait pu penser que l'Atlantique nord était encombré comme une autoroute un jour de départ en vacances. Or on ne voit rien ni personne, et le monde est vide, voilà la vérité. On nous aura menti. On quitte alors notre position stratosphérique et on redescend. On attend – mais quoi ? Quel événement ? C'est pour cela que les grands romans maritimes sont des romans de tempêtes, d'obsessions suicidaires, de vagues gigantesques, de naufrages : il faut bien de l'action. Ou alors ce sont des conversations, des confidences parfois, comme dans *Le Quart*, de Nikos Kavvadias. Ou alors chez Conrad, bien sûr, ces marins qui, le soir à la lueur chancelante de la lampe-tempête, racontent aux autres marins des histoires d'héroïsme, de lâcheté, de noirs destins brisés. Mais Conrad et Kavvadias déplacent en quelque sorte le curseur du grand dehors vers l'infini du dedans, ce qui est très satisfaisant pour la littérature, mais un peu moins pour la restitution de l'expérience intime, quasiment zen, du presque-rien qui ondule à peine. Pour cela il faudrait un Buzzati marin, un *Désert des Tartares* océanique qui dirait l'attente indéfinie sur la grande plaine d'eau frénétiquement identique à elle-même, et la puissance hypnotique de ces journées-là.

Troisième changement d'heure. Le vent est tombé. Brume matinale, mer étale et grise.

Hirondelles et tourterelles ont disparu.

*

Nous logeons au Château (ainsi nomme-t-on le bâtiment, sorte de petit immeuble où se trouvent cabines, mess, salles de repos, passerelle, etc.) et, comme tous les châtelains, il nous prend parfois une envie de sortir, de quitter les salons tout confort pour aller parcourir l'étendue du domaine. Faute de grand escalier à double hélice, nous empruntons les échelons métalliques extérieurs et descendons tout en bas. Faute de parc gazonné, de jets d'eau et de carrés floraux, nous longeons l'océan, n'ayant pas à franchement parler le sentiment d'y perdre au change, et nous dirigeons par la coursive vers le pont avant, à deux cents mètres de là. Le temps est idéal, et le panorama aussi, entre la perfection géométrique des empilements de containers, les lignes brisées des perspectives de leurs blocs et des filins qui les maintiennent, les rondes ouvertures qui révèlent le bleu profond de la mer tout en bas, les enchevêtrements de jaunes, de verts et de rouges vifs des échelles, poutrelles et autres structures métalliques qui partout se croisent et se chevauchent, le soleil blanc qui inonde le tout, et l'horizon grand ouvert dans le lointain éblouissant. Et puis le silence, dont on prend soudain conscience face au vent qui siffle à peine, loin de notre Château derrière lequel les systèmes frigorifiques des containers font un boucan permanent, auquel on a fini par s'habituer comme au roulement d'un train.

Dans ce Château, nous sommes vingt-sept : vingt-trois membres d'équipage (douze Philippins, un Polonais, un Ukrainien, un Roumain et huit Russes) dont sept sont officiers (quatre Russes, le Polonais, l'Ukrainien, le Roumain). Plus quatre passagers (un Suisse, un Belge, deux Français), dont un est musicien, l'autre ingénieur à la retraite, et les deux autres écrivains.

Les Russes, même non-officiers, mangent avec les autres Russes, les officiers et les passagers. Les Philippins mangent entre eux.

Entre les deux salles à manger, la cuisine, tenue par deux Philippins.

Dans le mess des officiers, des Russes et des passagers, deux tables de six personnes et une de quatre, un poster d'un tableau de Mirò, un de Keith Haring, un autre représentant les monuments de Marseille, un bac de fleurs artificielles. Dans la salle à manger des Philippins, trois tables de quatre personnes, un poster de Monet, un portrait de Jésus, un de Marie, une fleur entre les deux, un calendrier, et une petite image de Jésus posant paternellement la main sur l'épaule d'un marin.

*

Quelques chiffres. Le *CMA-CGM Puget* est un porte-containers de 282 mètres sur 32. Son poids à vide est de 19 000 tonnes. En charge, 69 000. Pendant cette traversée il transporte 3 094 containers. Sa vitesse moyenne est de 17,9 nœuds (33 km/h). Son cap, 280, soit presque exactement un axe est-ouest (270), qui nous déposera à New York dans, si tout va bien, trois jours.

*

Nous quittons à nouveau le Château et descendons aux Enfers, à savoir le royaume souterrain de la salle des machines. Hadès, qu'on appelle aussi Jerzy, le *chief engineer* polonais, nous accueille dans son antre vert pomme et insonorisé, baigné d'une vive lumière électrique, envahi de cadrans, boutons et manettes en tous genres – à la fois le cerveau et le système nerveux central du navire. Je ne comprends pas toutes les informations qu'il nous donne : elles se noient instantanément dans la profusion d'éléments qui agrippent l'œil et l'attention, les chiffres, flèches, croquis, données et schémas qui clignotent sur les écrans lumineux ou s'affichent sur les livres de bord grands ouverts. Je retiens juste que deux générateurs sur trois sont opérationnels. Son adjoint, un jeune Russe austère et bougon comme beaucoup de Russes, qui le sera moins dès que nous échangerons quelques syllabes, pour le redevenir aussitôt sa tâche accomplie, nous a accompagnés dans cet entrelacs de machineries énormes, générateurs, propulseurs, mélangeurs, compresseurs, phénoménal assemblage d'acier tout droit sorti d'un tableau géant de Fernand Léger, ou d'une BD de Jack Kirby, le bruit assourdissant en plus. On y fournit l'énergie nécessaire à la propulsion du navire, on y convertit l'eau salée en l'eau douce, on y produit l'électricité, on y fabrique ce qui permet au navire de fonctionner en autarcie. Tout est énorme, solide, fonctionnel, rassurant. Rien ne peut arriver.

On se prend alors à rêver à une vie entière sur les mers, dans le confort du Château et le rythme monastique des journées, ne tolérant que quelques escales rapides afin de s'approvisionner en denrées de base et faire le plein de fuel, et repartir ensuite, portés par la formidable et puissante machinerie dissimulée dessous, relier un océan à l'autre, sans but précis, grappillant une ou deux heures de jour dans un sens, les reperdant dans l'autre, toujours errant à travers mers, comme un cavalier mongol dans la steppe qui ondule à l'infini, comme lui devenant poreux à l'immensité du monde et nous laissant traverser par elle, l'immensité devenant alors l'image la plus sûre de notre intimité, qui s'y sera noyée.

*

« Mon âme s'élève infailliblement en proportion de la monotonie extérieure », écrivait Thoreau à propos du désert. L'océan aussi est un désert – pour ce qui est de notre âme, je ne me prononcerai pas, mais la monotonie, j'en ai déjà parlé : les journées s'étirent au point qu'elles comptent souvent 25 heures, le temps est une pâte molle, et le moindre micro-événement prend des airs de péripétie. Un bateau aperçu avant-hier sur la ligne d'horizon pendant que je pédalais dans la salle de sport m'a tenu en haleine un bon quart d'heure. Quatre oiseaux noirs aperçus peu après, sans doute arrivés des Açores, m'ont durablement distrait. Le regard se perd dans le bleu (ou le gris), et l'esprit mouline. Les couchers de soleil, lorsque celui-ci n'est pas voilé, nous convoquent sur la passerelle ou tout au bout du pont avant, et c'est une autre heure de passée à regarder le disque orange plonger derrière l'horizon, là où vivent les monstres. Le temps s'épaissit, devient plus consistant, et paradoxalement se dilue – car en réalité, il passe trop vite. La monotonie, la répétitivité, le temps retrouvé, sont devenus nos viatiques. Mais cette monotonie ne durera pas : une tempête est annoncée demain. On s'attend à des vagues de cinq mètres d'amplitude, nous a dit Dragos. Notre âme, cette fois, ne s'élèvera donc pas beaucoup – à l'inverse, sans doute, de nos cœurs dans nos poitrines.

*

Pendant la nuit nous procédons au sixième changement d'heure, et nous voici quasiment new-yorkais. Au petit matin nous sommes réveillés par les mouvements du bateau qui tangue et oscille lentement, comme un gros bœuf de labour qui, las d'avoir été aiguillonné, renâcle et souffle mais finit par y aller, un côté après l'autre, avec la patience et la placidité infinies des bêtes. C'est que celle-ci, de bête, est imposante, et plutôt lourde à remuer. La tempête, cela dit, n'est pas telle que nous l'attendions. Les termes ne recoupant pas, d'une langue à l'autre, exactement les mêmes réalités, le mot « *storm* » dont se sert l'équipage pour désigner la météo du jour peut signifier aussi bien « dépression » que « tempête », ou « fort coup de vent », voire « orage » – ce qui n'est pas exactement la même chose. Et puis je n'y connais rien, mais j'imagine qu'il y a plusieurs catégories de tempêtes. Sur le bulletin météo en tout cas, nous avons vu ce qui était annoncé pour aujourd'hui : vent de 30 à 35 nœuds (55 à 65 km/h), vagues de

10 à 20 pieds (3 à 6 mètres). Ça balance déjà pas mal, dirons-nous, mais juste de quoi provoquer une légère nausée, que nous tentons vite de juguler par l'absorption de cachets de Nautamine ou de Mercalm, lesquels présentent l'inconvénient, à moins que ce soit un avantage, de nous assommer un peu et nous faire glisser dans un état vaguement cotonneux qui ne trouve son accomplissement que dans une sieste hachée, répétitive et morcelée – ou alors toujours recommencée, comme la mer de Valéry.

États-Unis

New York, New York

« En général, ce qui manque aux cités protestantes des États-Unis, ce sont les grandes œuvres de l'architecture : la Réformation jeune d'âge, qui ne sacrifie point à l'imagination, a rarement élevé ces dômes, ces nefs aériennes, ces tours jumelles dont l'antique religion a couronné l'Europe. Aucun monument, à Philadelphie, à New York, à Boston, ne pyramide au-dessus de la masse des murs et des toits : l'œil est attristé de ce niveau », écrit Chateaubriand au moment où, en 1791 et âgé de vingt-trois ans, il arrive en Amérique – ou, plus exactement, quelques années plus tard, dans le souvenir de cette arrivée. L'horizontalité des villes américaines : voilà donc ce qui frappait en premier lieu l'observateur européen il y a un peu plus de deux siècles.

Chateaubriand, cela dit, n'est pas toujours crédible : il invente beaucoup dans ses *Mémoires* et ailleurs. Il n'a peut-être pas, à Philadelphie, serré la main de George Washington, qui lui aurait dit « *Well, well, young man* ». Il n'a peut-être pas vécu plusieurs semaines dans une tribu indienne après s'être cassé un bras à Niagara. Il n'a certainement pas été élu à l'Académie ainsi qu'il le raconte (« L'élection eut lieu ; je passai au scrutin à une assez forte majorité. » Note de bas de page : « Chateaubriand n'obtint, et au second tour, que treize voix sur vingt-cinq »). Pour cela, et pour d'autres raisons, il n'était pas aimé partout. « Notre grand hypocrite national », disait de lui Stendhal. Et Siéyès : « Quel charlatan ! » Et Lamartine : « Figure de faux grand homme » (juste retour de bâton : « Quel grand dadais ! » disait Chateaubriand de Lamartine).

Pourtant, en 1854, plus de soixante-dix ans après son arrivée en Amérique, New York est toujours, en effet, impeccablement plate, ainsi qu'en témoigne un tableau d'Hubert Sattler. Sur ce point, on peut donc lui faire confiance. Tout comme nous pouvons le suivre, Tanguy et moi, sur son idée de ce que doit être le rythme d'un voyage – même si, deux siècles plus tard, la vitesse qu'il dénonce s'apparente à notre lenteur désirée, et sa lenteur à une expérience enfuie pour nous de l'espace et du temps : « Nul, plus que ce maître des vieux jours (M. de Fontanes), n'était convaincu de l'excellence de la maxime : "Hâte-toi lentement." Que dirait-il donc, aujourd'hui qu'au moral comme au physique, on s'évertue à supprimer le chemin et que l'on croit ne pouvoir jamais aller assez vite ? M. de Fontanes préférait voyager au gré d'une délicieuse mesure. »

C'est ainsi : la vitesse est toujours aussi excessive que la jeunesse est irrespectueuse et la météo déglinguée, et ce, quelles que soient les époques. Pour l'irrespect et la déglingue, nous verrons bien ; pour la jeunesse, il commence à se faire tard. Mais pour l'allure, le rythme et la « délicieuse mesure » que regrette François-René, nous promettons de faire de notre mieux.

*

Un jour donc, on ne peut pas dire que ce soit de gaieté de cœur, mais enfin il faut bien se résoudre à quitter l'horizon et affronter la verticalité – n'en déplaise à Chateaubriand. Et pour cela, pensions-nous, rien ne vaut une arrivée dans le port de New York après quatorze jours de mer. La ville allait progressivement se livrer à nous, et nous discernerions sur notre droite, après avoir longé le sud de Brooklyn et avant de continuer vers Newark, la statue de la Liberté et les tours de Manhattan pointées haut vers le ciel. Mais la règle est communément admise, qui veut que les choses ne se déroulent pas toujours comme on l'imaginait, ou l'espérait. Plus nous approchions de New York, plus le navire avançait à très faible allure dans une brume épaisse qui enveloppait tout et devenait de plus en plus dense – si bien que nous n'avons rien vu. Pas l'ombre d'une tour, ni d'une statue. Nous étions prisonniers d'une purée de pois grisâtre et humide derrière laquelle se discernaient à peine quelques bâtiments, plutôt plats, du sud de Brooklyn, et les quais du nord de Staten Island que nous longions. Rien au-delà. Nous qui avions pris l'habitude de laisser nos regards traîner loin sur l'horizon, nous nous trouvions soudain aveugles, les yeux bandés comme l'ange du Destin.

Invariablement, lorsque quelqu'un évoquait notre future arrivée à New York en bateau, j'allais puiser dans mon grenier d'images mentales et pensais à un film (*The Emigrant*, de Chaplin) (voire à un autre, par ricochet : *Au revoir les enfants*, de Louis Malle, dans lequel on projette à une classe de lycée pendant l'Occupation des images du film de Chaplin, lequel devient une métaphore de la joie et de l'espoir bientôt mis à mal), et à deux livres : le *Voyage* de Céline, et *L'Amérique* de Kafka, l'un comme l'autre associant l'entrée dans le port à l'expression d'une inquiétude, si ce n'est d'une menace. Dans le premier, comme ce serait le cas pour nous quelques décennies plus tard, l'arrivée se fait dans la brume. Mais si « grosse, grise et rose » qu'elle soit, Bardamu peut malgré tout discerner les tours de Manhattan : « À travers la brume, c'était tellement étonnant ce qu'on découvrait soudain que nous nous refusâmes d'abord à y croire [...] Figurez-vous qu'elle était debout leur ville, absolument droite. New York c'est une ville debout. On en avait déjà vu nous des villes bien sûr, et des belles encore, et des ports et des fameux mêmes. Mais chez nous, n'est-ce pas, elles sont couchées les villes, au bord de la mer ou sur les fleuves, elles s'allongent sur le paysage, elles attendent le voyageur, tandis que celle-là, l'Américaine, elle ne se pâmait pas, non, elle se tenait bien raide, là, pas baisante du tout, raide à faire peur. » La ville est bien verticale, pas de surprise, on s'en doutait un peu – et menaçante, du fait même de sa verticalité, on s'y attendait peut-être moins.

C'est aussi une forme de peur, ou d'avertissement, que l'on peut lire dans l'arrivée à New York de Karl Rossmann, au début de *L'Amérique* de Kafka. Ce qui le frappe d'abord, c'est la statue de la Liberté qui lui apparaît, sans la moindre brume, « dans un sursaut de lumière ». Et le narrateur poursuit : « On eût dit que le bras qui brandissait l'épée s'était levé à l'instant même, et l'air libre soufflait autour de ce grand corps... »

La première fois que j'ai lu cet *incipit*, je ne me suis pas avisé de l'erreur : car ce n'est pas une épée que tient la statue, c'est un flambeau. On ne sait pas très bien si Kafka, qui n'est jamais allé en Amérique, s'est tout simplement trompé (peu probable), ou s'il a intentionnellement converti un flambeau, symbole de lumière perçant les ténèbres et d'espoir pour les réprouvés du monde entier, en une épée symbole d'avertissement, ou de menace, voire de promesse de châtiment, semblable à celle que tient l'archange Michel aux portes du Paradis d'où Adam et Ève sont chassés. Et tandis que je tentais en vain de percer l'opacité de la brume new-yorkaise, je pensais à la fois à Bardamu, à l'épée de la statue de *L'Amérique* et à celle de l'archange Michel, et me disais qu'un siècle après Karl Rossmann, c'était comme si Kafka, au fond, avait finalement vu juste : nous aussi nous avions été exclus, par une épée qui nous demeurait invisible, de la vision de Manhattan qui nous était promise. La verticalité, c'est donc une fois arrivés à terre que nous en jugerions – et là-dessus rien à dire, Manhattan tient ses promesses.

C'était d'ailleurs prévu. Quelles que soient les circonstances, il y a toujours, lorsqu'on débarque ici, la part mythique, littéraire ou cinématographique, de New York qui vous saute au visage et à l'esprit, et ne vous lâche pas. D'ailleurs cela ne concerne pas uniquement New York, mais l'Amérique tout entière. Les images de la ville et du pays ont été déclinées sous tant de formes, dans tant de documentaires et de fictions, qu'on vient ici, en somme, pour *vérifier* : vérifier que la réalité correspond bien aux représentations qu'on en a reçues. Qu'on ne nous a pas trompés sur la marchandise. Et de ce point de vue-là, on est rarement déçu, tant les États-Unis prennent soin de correspondre assez parfaitement à leur caricature. Il n'y a pas vraiment, ici, de décalage entre l'image et le réel : le réel, c'est l'image, et vice versa. Il y a un quart de siècle, lors de ma première visite à New York, j'avais déboulé en plein tournage. Après la navette depuis l'aéroport, après le métro plutôt miteux (sur les quais duquel je m'attendais à voir surgir Al Pacino ou Gene Hackman courant en costume, cravate au vent, un flingue à la main), j'avais gravi les escaliers qui menaient à la 50e rue pour entrer de plain-pied, tous les sens à l'affût, dans la nuit new-yorkaise pailletée de brume (déjà), où se mêlaient les vibrations sourdes de la grande ville, les sirènes de police que j'avais entendues dans tous les films, les spectaculaires gratte-ciel qui s'envolaient autour de moi, un Noir en sweat à capuche qui trimballait sur l'épaule une gigantesque sound-machine crachant son rap, une limousine blanche de dix mètres, deux policiers à cheval, des dizaines de yellow cabs, et devant moi un magasin proposant des alignements de statues de la Liberté, leurs flambeaux dressés bien haut. J'étais dans un film. Comme le personnage de *La Rose pourpre du Caire*, j'avais traversé l'écran – mais dans l'autre sens.

À force de revenir dans ce pays, bien entendu, cette sensation s'est atténuée, mais elle n'a pas tout à fait disparu. Car les représentations du réel américain s'enchaînent sans répit, nourrissant et cartographiant un imaginaire toujours renouvelé. Que ce soit dans l'Arizona profond, à Los Angeles, dans les parcs du Montana, les rues pluvieuses de Seattle, la vieille et distinguée Nouvelle-Angleterre ou ici à New York, il y a toujours en nous une image préalable, une représentation documentaire ou fictionnelle du réel dont on vient vérifier qu'elle lui correspond. On vérifie, et on valide. Ensuite on peut se regarder soi-même traverser l'écran et faire partie du film.

Noms de pays : New York

Personne, hors des dictionnaires, n'aurait idée que New York soit une simple ville d'Amérique. Car il y a certains endroits qu'on pense en dehors de leur pays. Des villes qui font comme une enclave, ou bien ont l'air d'appartenir à un autre espace, sentiment insulaire qui les extirpe de leur sol et leur donne cette double nationalité, qui est aussi leur indépendance, ville-pays dont le signifiant seul fait déjà continent, en tout cas cité close et électrogène, qui ne devrait rien à la nation qui l'abrite (ou simplement peut-être, la tolère). Ainsi de Naples en Italie. Ainsi de Marseille en France. Ainsi de New York aux États-Unis. Peut-être est-ce là la force des grandes villes portuaires, tournant le dos aux territoires qu'elles débutent, hôtes privilégiés du dehors, leurs façades balayées par un vent océanique forcément gros de tous les possibles et de là peu enclines aux crispations continentales. C'est même cette fréquentation de l'humeur maritime qui semble donner à toutes ces villes une identité violente, indomptable et pour ainsi dire autarcique, par quoi elles ne se dissolvent pas dans le tissu géographique qui les prolonge. Ainsi donc il y aurait New York *et* les États-Unis.

Quand on se promène le long du Riverside à Manhattan, quand on regarde non plus vers l'océan mais vers l'ouest depuis les trottoirs de la 12e avenue, et qu'on suppose l'étendue qui s'annonce derrière l'Hudson, au loin les cheminées du New Jersey et de Pennsylvanie, alors on a comme l'impression de regarder vers un autre monde. Presque on croirait rejouer le mythe de la *Frontier*, faisant de l'horizon un espace indigène et encore sauvage, à peine fréquentable, quand sur l'île de Manhattan, au contraire, la domestication de tout, même des écureuils, a depuis longtemps rassuré les consciences.

Depuis longtemps New York s'est retranchée derrière son nom, comme remplie des images qu'il contient, et sans trop qu'on discerne ce qu'elle serait vraiment de ce qui viendrait, de nos rêves et hologrammes divers, s'abriter sous son chiffre. Les enfants le savent bien, qui déjà dans les cours d'école, avant d'en avoir vu une seule image, prononcent le nom de New York comme le sésame de l'imaginaire. Et presque il est dommage que Marcel Proust, dans ses merveilleuses pages sur les noms des lieux, n'ait pas réservé à New York le sort qu'il a fait à Venise et à Parme – New York dont il aurait sans doute, de la seule fluidité anglo-saxonne des syllabes, tiré la matière d'un imagier prolixe.

Je me demande à quel moment fut atteint ce seuil de percolation par quoi le mot « New York » est devenu légende, a transpercé les toits et s'est élevé au-dessus de la ville plus vite que les seuls récits accumulés de ses habitants, s'agrégeant dans la folie d'un nom propre qui s'est mis à parcourir les mers, à survoler les continents, comme un dirigeable obligeant à lever les yeux sur lui et attirant dans son champ magnétique les hommes soulevés par lui, comme emportés par le même élan surnaturel qui traverse, par exemple, une nouvelle d'Edgar Poe.

De ce nom circulant comme un fluide est née une longue partie de main chaude où le nom et la chose, le signe et la ville, se sont accrus et fortifiés l'un l'autre, comme un chiasme qui n'en finirait plus, où les sous-sols de Manhattan, roches métamorphiques si disposées aux fondations des gratte-ciel, se mettraient à accueillir inlassablement le trop-plein de rêves, visions, idées débarquant sur l'île et s'incarnant soudain en une compression rare et bientôt verticale. C'est peut-être ce texte-là qu'il conviendrait d'écrire, plus que la relation de quelques journées à déambuler dans la ville, quelque chose comme la description d'une crypte intérieure ayant pour nom New York, sur les parois de laquelle auraient défilé, dans l'ombre à peine lisible de ses sept lettres mouvantes, mille images chimériques, mille portraits cubistes de métal et de verre inscrits sur les murs concaves des cerveaux d'immigrants venus là parier leur propre vie sur le grand puzzle, avant d'en devenir eux-mêmes une nouvelle pièce.

Plus intensément que Marseille, Naples ou Shanghai, l'onde signifiante New York s'est propagée trois siècles durant, retombant comme une pluie atomique sur l'Europe et la Chine, pénétrant étrangement jusque dans les cerveaux aussi incompatibles que ceux de Kafka et de Céline, devenue phosphores, projections lumineuses qui soudain se rendraient tangibles, là, depuis les bastingages des bateaux qui entraient dans la baie et déposaient sur Ellis Island les millions d'âmes un peu perdues, certes, mais d'abord aimantées par cette promesse toute nominale – celle-là, de promesse, que leur terre natale avait sans doute épuisée, les en excluant un par un, quand les noms de l'Europe semblaient déjà rouillés, incapables de supporter la tension de leurs chaînes. Ainsi commence *L'Amérique* de Kafka, saisissant contraste d'un rejet et d'un accueil : « Lorsque, à seize ans, le jeune Karl Rossmann, que ses pauvres parents envoyaient en exil parce qu'une bonne l'avait séduit et rendu père, entra dans le port de New York sur le bateau déjà plus lent, la statue de la Liberté, qu'il observait depuis longtemps, lui apparut dans un sursaut de lumière. »

Mais en matière de lumière, ce jour d'avril 2018, tandis que le cargo s'avançait dans les eaux de la baie, il n'y avait pour nous qu'un brouillard presque ironique : ni statue ni tour ni ville mais la seule absence fondue dans la grisaille. La lumière a baissé sur New York, me suis-je dit, tombée dans l'épaisseur de sa propre saturation, ou fatigue. Et c'est un peu vrai aussi, outre la facile métaphore offerte là, que New York, la force d'attraction de New York, s'est affadie ces dernières années.

On peut même vérifier cela du côté de Harlem, au très beau musée de l'histoire de la ville : ce logarithme d'habitants qui deux siècles durant a fait connaître à l'archipel sa folle démographie est venu se stabiliser soudainement, quelque part dans les années 80, juste avant la grande et incessante gentrification, celle qui n'en finit pas de déborder d'un côté l'autre de Manhattan et maintenant Brooklyn, ayant dévoré Harlem et le Lower East Side, où déjà les couleurs sont moins vives, les angles moins saillants, et New York se trouve comme lentement dissoute dans le *vulgum pecum* des capitales, n'ayant plus ce supplément d'âme qu'elle sembla être seule à posséder, mais désormais partage avec Berlin, Londres, Los Angeles ou Chicago, comme si, pour aller de l'une à l'autre, on traversait une seule rue entre deux Starbucks Café et que seule alors la couleur des taxis – blancs à Berlin, noirs à Londres, bleus à Chicago – nous garantissait d'avoir changé d'heure.

Lettre à un ami français

Ogallala, Nebraska, le 3 mai.

Mon cher X.,

Un mot rapide depuis Ogallala, petite ville du Nebraska au nom vaguement liquide et pleinement indien, où nous avons fait étape, entre Chicago, d'où nous sommes partis ce matin tôt (13 heures de route), et Boulder, Colorado, où nous irons demain passer deux jours.

Chicago, le centre du moins, est une belle ville, aux architectures élégantes et imposantes. Nous avons fait en bateau une promenade d'une heure, qui les aligne le long de la Chicago River. Il y a évidemment une Trump tower – qui n'est pas mal cela dit, quoique un peu gâchée par le nom du bonhomme en lettres énormes sur le devant de la tour (le seul nom que nous ayons vu inscrit sur un immeuble de Chicago). La Chicago River a ceci de particulier qu'elle a vu son cours inversé : auparavant elle se jetait dans le lac Michigan, à présent elle en part. Staline, lorsqu'il nourrissait ses projets d'inversion des cours de l'Ob et d'autres fleuves sibériens, aurait pu en prendre de la graine. Il faisait très chaud. En début d'après-midi nous avons pensé nous baigner dans le grand lac turquoise, mais l'eau était glacée.

Plus tard en ville j'ai cherché, et trouvé, deux maisons : celle de l'architecte Paul Nelson, le père d'un ami, et celle d'Henry Darger, dont les terribles aquarelles et collages m'avaient si fort impressionné lorsque je les avais vus lors d'une exposition d'art brut à Paris, en 2012 je crois. J'avais lu il y a quelque temps L'Histoire de ma vie, *son étrange autobiographie à trous, où ce qui est tu est plus saisissant, et terrifiant, que ce qui est raconté. De la même manière que l'on peut sentir Lovecraft dans les inquiétantes et sombres façades de certaines maisons de Providence, ou Morandi dans les grands aplats mats des rues de Bologne, je me suis dit qu'on pouvait peut-être saisir quelque chose de Darger dans cette ville belle et froide, assez énigmatique, où l'on a un jour inversé le cours d'une rivière.*

Le soir, nous sommes allés prendre un pot au dernier étage d'un des bâtiments qui longent la Michigan avenue. Chicago semble se répartir ainsi entre belles façades austères, raides dans la beauté de leurs architectures, et lieux secrets, dissimulés, que rien ne signale et où se déroule, à l'abri des regards, la vie communautaire. Là encore j'ai pensé à Darger.

Nous ne serons restés, en fait, que peu de jours ici, comme à New York d'ailleurs. Mais cela suffisait : j'avais hâte de quitter les grandes villes. Ce matin nous nous sommes réveillés à 6 heures pour partir tôt, mais les embouteillages étaient tout de même monstrueux, et nous n'avons commencé à rouler qu'à partir de 8 h 30 environ. Avons traversé l'Illinois, puis l'Iowa un peu plus vallonné. Pas vu les champs de maïs de La Mort aux trousses *– ils sont peut-être plutôt dans le Nebraska ? Arrivés à Ogallala à 21 heures.*

Demain, nous serons dans le Colorado, à Boulder, et après-demain notre ami Warren a prévu une balade dans les montagnes alentour. Du paysage enfin.

Amitiés.

Espaces rétrécis, temps contigus

C'est Tanguy qui, le premier, en a fait la remarque : la lenteur relative de ce voyage – sa particularité même, le fait de ne jamais quitter le sol –, loin d'élargir l'espace, rapproche paradoxalement les lieux. En somme, il suffit d'être patient.

Nous étions en train de rouler depuis la petite ville d'Ogallala, Nebraska, notre étape sur la (longue) route entre Chicago et Boulder, Colorado, où nous attendaient Warren, sa femme Marie et leurs deux chiens. Un jour nous avions quitté la maison, fermé la porte, nous étions mis en marche, avions grimpé sur un navire, et quelque temps après étaient arrivés New York, puis Chicago, l'Illinois, l'Iowa, le Nebraska, le Colorado, bientôt ce seraient l'Utah, l'Arizona et la Californie, la côte mexicaine et l'océan à nouveau. Nous pouvions en témoigner : le monde est unifié, il y a une continuité, rien n'est inaccessible. Tout est à portée de main, ou de pieds. Lors d'un voyage en avion, le monde est morcelé. À peine le temps de se retourner, de prendre un repas, de voir un film ou deux, qu'on se retrouve brutalement plongés dans la moiteur de Hong-Kong ou de Calcutta, la chaleur sèche de Los Angeles ou de Melbourne, assaillis d'odeurs et de langues inconnues, tout déboussolés d'avoir si vite changé de monde. On croit que les moyens de transport rapides rétrécissent la planète en mettant l'Amérique et l'Asie à huit ou dix heures de l'Europe – mais non, c'est l'inverse : on passe, en quelque sorte, par une brèche spatio-temporelle qui compresse le temps, mais pas la distance entre les lieux, et surtout pas le choc provoqué par la soudaineté du changement. Voyager comme nous le faisons propose l'expérience inverse : le temps mis à parcourir les distances est pleinement mesuré, la géographie objective reprend ses droits, mais l'écart subjectif entre les lieux, lui, est comme aboli, puisque tout, finalement, se touche et peut se rejoindre en parcourant un mètre après l'autre. C'est un fait, le monde est un, Boulder et Moab sont la porte à côté de Marseille et Beaugency.

Boulder, Colorado, il fallait bien que j'y arrive un jour. La ville est présente dans au moins deux de mes livres : le premier roman que j'ai écrit, et le dernier. Dans le premier, elle n'est pas nommée, mais le personnage principal vit dans un désert situé non loin. Pur hasard, d'ailleurs : je ne connaissais ni la ville, ni la région, il ne s'agissait en somme que d'un désert mental, quoique situé de l'autre côté de l'Atlantique. C'est en lisant un jour un reportage sur Boulder et les déserts de l'Utah et du Colorado que j'ai, en quelque sorte, *reconnu* les lieux et compris que ce désert existait réellement, quelque part aux USA – accessible à partir de Boulder, disait l'article. L'imaginaire avait copié le réel sans le savoir, ou en avait précédé la connaissance. Dans mon dernier roman, le personnage principal, Hoyt Stapleton, a quant à lui passé son enfance à Boulder, et plusieurs scènes s'y déroulent. Nous nous sommes rendus sur place. J'ai photographié sa rue, et peut-être sa maison. Si voyager comme nous le faisons abolit la distance subjective entre les lieux, ici à Boulder c'était la distance entre imaginaire et réel qui se trouvait réduite : la rue où avait vécu un personnage de fiction était soudain devenue voisine de celle où j'habite. Les deux mondes coexistaient. C'était un peu étrange, mais pourquoi pas après tout. Il y a bien le trou creusé par l'abbé Faria dans une cellule du château d'If à Marseille, et un *Rick's café* à Casablanca. Il y a aussi une maison, dans une rue nommée Flamingo Drive, au nord-est de Boulder, Colorado, où a vécu Hoyt Stapleton.

Mais à Boulder, on peut aussi marcher dans les traces de personnages moins imaginaires : à la Naropa University par exemple. Cette université, avant d'en devenir une, était un centre de méditation bouddhiste créé en 1974 par un moine tibétain, Trungpa Rinpoché, qui avait quitté la Chine dans les années 60 et fondé diverses écoles de méditation en Occident, communautés rassemblées d'abord sous le nom de Vajradhatu, puis de Shambala International. Amateur d'alcool et de rencontres féminines, il disait incarner la voie de la « folle sagesse » commune aux bouddhistes, aux taoïstes et aux soufis, autrement dit l'adoption de comportements inhabituels ou choquants destinés à provoquer l'éveil spirituel du disciple qui en est le témoin. Parfois, il faut bien l'avouer, c'est un peu facile. Peut-être était-il d'ailleurs trop fou, et pas assez sage : toujours est-il qu'il abandonna, à la fin des années 60, ses vœux monastiques, et décida de devenir un enseignant laïc. C'est peu après qu'il fonda à Boulder le Naropa Institute, qui devint le siège central des divers instituts qu'il avait créés à travers le monde. Et nombreux furent les écrivains « beat » à venir y prononcer des conférences ou animer des séminaires à partir des années 70, de William Burroughs à Anne Waldman en passant par Gregory Corso, Allen Ginsberg ou Lawrence Ferlinghetti.

Cela tombait très bien, puisque non loin de Boulder se trouve justement un des sept centres de l'univers, du moins selon ce même Trungpa Rinpoché : une montagne nommée Longs Peak, qui culmine à 4 350 mètres. J'ignore quels sont les six autres. Sans doute y a-t-il parmi eux le mont Kailash, au Tibet, qui est sacré aussi bien pour les bouddhistes que pour les hindouistes et les adeptes du chamanisme bön. Il y a en tout cas de nombreux centres bouddhistes à Boulder, ainsi que plusieurs ashrams dont nous avons longé certains en rentrant d'une balade dans un canyon nommé Eldorado Springs – et même un Tao center, qui n'a rien à voir si ce n'est qu'il s'agit aussi de sagesses orientales. Boulder, à part ça, est une ville charmante, quoique un peu irréelle. Pas un pauvre, pas un *redneck*, pas un Noir, des librairies partout. Un petit côté *Truman Show*, en moins angoissant. Mais presque déstabilisant.

La spiritualité, la réalité et la fiction, les frontières poreuses entre les mondes, le temps dilaté et l'espace réduit, le vertige des âges, autant d'équilibres instables que nous éprouverions en visitant avec notre ami Warren le Stanley Hotel, dans l'Estes Park, à une vingtaine de kilomètres de Boulder, puis, quelques jours plus tard, dans les parcs nationaux de l'Arizona et de l'Utah.

*

Le Stanley Hotel est hanté depuis 1909. La date est précise. Comme si cela ne suffisait pas, ou peut-être précisément pour cette raison, il a servi de cadre au roman *The Shining*, de Stephen King, ainsi qu'à la mini-série qui en a été tirée en 1997. Mais pas au film de Kubrick : celui-ci a été tourné, pour les scènes d'extérieur, dans l'Oregon (ainsi le magnifique travelling qui ouvre le film, avec la voiture qui file le long d'une route de montagne, entre les sapins enneigés), à l'Overlook Hotel, et les scènes d'intérieur reconstituées en studio à partir de l'intérieur de l'Ahwahnee Hotel, dans le parc de Yosemite. Il reste que l'intérieur du Stanley rappelle quelque peu le film (mais aussi, à bien y réfléchir, l'hôtel du *Silence*, de Bergman). Nous en avons arpenté les longs couloirs moquettés, espérant peut-être y trouver une ambiance identiquement angoissante, sans y rencontrer pour autant de tristes jumelles blondes et muettes, ni pouvoir y visiter la chambre 237 – pour la bonne raison qu'elle n'existe pas. En fait, nous pensions trop au film. Car la chambre 217, elle, existe bel et bien, et c'est celle-ci qui apparaît dans le livre. Les touristes que nous étions n'ont pas eu en tout cas, c'est sans doute tant mieux pour eux, le privilège de voir écrit *REDRUM* en lettres de sang. La folie, dans cet hôtel, n'était pas vraiment palpable. Le plus inquiétant était peut-être son énorme façade, trois austères corps de bâtiment rouge et blanc fin de siècle solidement plantés face aux Rocheuses. Pour le reste, les appareils photo y crépitaient trop.

Quelques jours plus tard, c'est à une autre forme de folie que nous nous trouvions confrontés, dans les espaces et les roches faramineuses des parcs de l'Utah et de l'Arizona : la folie, un peu plus douce, du vertige du puits des âges et des spéculations fumeuses sur les origines oubliées du monde.

Car le paysage américain est plus vaste qu'on ne le dit. Certes ses déserts s'étendent sur des centaines de milliers de kilomètres carrés, mais aussi sur des millions d'années. De l'Arches National Park, dans le nord de l'Utah, à Monument Valley où flotte, sur la frontière Arizona-Utah, le fantôme de John Wayne, en passant par les spectaculaires White Canyon, Glen Canyon ou Bryce Canyon où je m'étais rendu voici quelques années avec mes enfants, ce sont des successions d'époustouflantes combinaisons de volumes rocheux, de couleurs, de massivité et d'étendues qui donnent la curieuse impression de ne plus être sur Terre, ou alors de plonger dans un temps immémorial, au milieu d'énormes vestiges de civilisations oubliées, lorsque régnaient des races de Géants qui bâtissaient des palais cyclopéens dont nous ne verrions plus aujourd'hui que les débris, rongés par les millions d'années, éparpillés et mêlés aux roches et montagnes posées là en plein désert. Partout ou presque j'avais l'impression de voir surgir des vestiges entiers de cités disparues, entourées de forteresses de sable, comme d'antiques et monumentales Jaisalmer ornées d'immenses sculptures mêlées à la roche, dans lesquelles se discerneraient encore des formes humaines ou animales – ou de lire, dans les extraordinaires falaises se dressant sur des vestiges de lacs asséchés ou de vastes plaines sablonneuses tremblant sous le soleil rouge, de gigantesques fresques retraçant les épopées de Gilgamesh oubliés, sculptées par des géants.

Je délire, bien entendu. À moins que je rectifie le tir. Ce pays n'a pas vraiment de passé, c'est pourquoi sans doute je lui en invente un, datant d'avant l'humanité.

*

Mais non, ce pays a bien un passé : et chacun le sait, il s'agit d'un passé de trahisons et de massacres. Le sachem Massasoit, chef des Wampanoags, qui accueillit courtoisement les pèlerins du *Mayflower* à l'emplacement de l'actuelle Plymouth en 1621, aurait été mieux avisé de les recevoir à coups de haches ou de flèches plutôt que de signer avec eux un accord de défense mutuelle, les Anglais s'engageant à soutenir les Wampanoags dans leurs guerres contre les Pequots et les Narragansets, et les Wampanoags à défendre les colons si ceux-ci se trouvaient menacés. Les Anglais tinrent parole, et massacrèrent sauvagement les rivaux des Wampanoags, qui rejetaient toute idée d'accord avec les colons. Horrifiés et choqués, les Wampanoags, qui n'avaient jamais vu appliquées de telles méthodes, ni envisagé de telles extrémités, maintinrent cependant leur confiance, et les termes de l'accord. La bonne entente dura une génération, après quoi les Anglais, dont le nombre s'était multiplié suite à de nouvelles arrivées, massacrèrent aussi les Wampanoags et exhibèrent la tête du nouveau sachem, le fils de Massasoit, afin de dissuader les autres tribus de se rebeller contre leur autorité. La spoliation des terres était bien avancée, elle se poursuivit exponentiellement. Les massacres aussi. On connaît la suite.

Aujourd'hui on traverse le continent et seule l'onomastique vient parfois témoigner du souvenir des peuplades originelles. De nombreux États, villes ou lieux-dits américains portent ainsi dans leurs noms la trace de ceux qui les ont habités, mais de la plupart de ces peuples et tribus, il ne subsiste rien d'autre. Hollywood et la littérature des pionniers ont également popularisé, de manière souvent ambiguë, les noms de certains d'entre eux – Sioux, Apaches, Cherokees, Mohicans, Navajos, Comanches, Cheyennes, Iroquois –, mais les peuples indiens sont nombreux dont même les noms ne résonnent plus nulle part pour personne, ou presque. Il y a deux ans dans la région de Vancouver j'avais été surpris du nombre de peuples dont je n'avais jamais entendu parler, ni même jamais lu les noms (Kinbasket, Okanagan, Nlaka'pamux, Stl'atl'imx, Kwakwaka'wakw, Nuu-chah-nulth, Ditidath) : la conquête de l'ouest canadien n'avait pas alimenté la même mythologie des pionniers que celle de l'ouest étasunien, ni fourni la même onomastique des lieux. Mais le continent tout entier est un palimpseste, aussi bien qu'un cimetière. Dans l'imaginaire américain, celui des pionniers qui ont débarqué un jour de 1621 à Plymouth,

Massachusetts, et dont les descendants n'ont eu de cesse de conquérir les nouveaux territoires qui s'ouvraient à l'ouest, le continent était un espace vierge à défricher, et les populations qui y vivaient de simples obstacles à leur volonté de puissance et de domination.

De nos jours les États-Unis se limitent, pour beaucoup, à la côte est et à la côte ouest, les territoires entre les deux, après avoir surtout été dangereux, demeurant anecdotiques, méconnus ou méprisés : c'est, en gros, le pays des *rednecks*, des plaines à bétail et des électeurs de Trump. Alors on franchit l'Hudson River à New York, on traverse des milliers de kilomètres (5 200, plus ou moins) jusqu'à San Diego, et on serait supposés ne rencontrer que du vide, des plaines infinies, des hautes herbes, des déserts, des crotales, des roches tarabiscotées, du maïs et du blé, avant de toucher enfin le Pacifique, et de grimper sur un deuxième cargo. Comme si, là encore, l'espace et le temps étaient comme rétrécis, voire niés : on sauterait, en somme, d'une façade maritime à l'autre, comme en avion (d'ailleurs la plupart font le trajet en avion) en gommant mentalement les milliers de kilomètres entre les deux, et les siècles qui s'y sont écoulés. Or non. Nous aurons aussi voyagé dans les noms. Lors de notre itinéraire en voiture, de Chicago à San Diego, nous aurons traversé les territoires Kaskaskla, Illinois, Moingwena, Ponca, Omaha, Pawnee, Arapaho, Oglala, Kiowa, Ute, Navajo, Hopi, Yayapai, Mojave, Cahuilla et Diegueno.

Le grand poème indien

Si j'appelle poème une certaine manière d'accueillir le monde dehors, et si cet accueil lui-même tient à la profusion offerte par lui, le monde dehors, alors l'Amérique, je crois, fait partie de ce poème. Non pas vraiment les États-Unis ni même les Américains, plutôt l'immense drap tendu d'un territoire duquel on se prendrait à arpenter chaque plissement, de ligne en ligne, de courbe de niveau en courbe de niveau, dans une longue alternance où l'impression de se glisser dans ses plis le disputerait aux grandes visions panoramiques – quelque chose comme ces longues routes de Californie qui ondulent comme une série de vagues qu'on prendrait de face, nous déposant tantôt dans leur creux, tantôt sur leur sommet.

C'est pourquoi l'Amérique appelle la voiture, d'où je filme à soixante-dix miles à l'heure les cinq mille kilomètres qui séparent New York de San Diego – et quoique tout ait commencé dans un train, derrière la vitre d'un vieux wagon Amtrak qui filait le long de l'Hudson River, laissant Penn Station et Manhattan continuer de bruisser derrière lui, cahotant de plus en plus à mesure qu'il accélérait vers l'ouest, se tordait dans les jardins d'Archville ou de Sleepy Hollow, au loin Paterson, et White Plains sur la droite, plus turbulent que le plus turbulent de nos tortillards, contredisant par secousses et crissements les paysages placides et tendres de la Pennsylvanie. Et voilà qu'avant Pittsburgh on regarde chaque maison de bois se fondre dans le soleil tombant, d'où la vitesse paisible déroule la longue banderole du paysage qui défile, et déjà crée le poème : les lumières rasantes de fin d'après-midi, les jardins verts de pluie abondante, les bardages colorés des façades et même, dans ce poème-là, il y a les grosses GMC garées dans les allées, les caravanes sur les pelouses, les portes blanches des garages, les brouettes sur le gravier.

Nous, assis dans le wagon-restaurant du train n° 49, c'est comme si le monde n'avait pas changé depuis que Cary Grant s'y était assis en 1959, dans le presque même wagon, en face de la blondeur glacée d'Eva Marie-Saint, dans le train qui l'emmenait lui aussi vers Chicago, attendant comme nous que la nuit vienne à bord du Lake Shore Limited, ainsi que se nomme ce train – et comment traduire vraiment cela : « La Compagnie du rivage du lac » ? comme si le train lui-même avait emprunté son nom aux territoires qui l'accueillent et par là, à la technique nominale de ses premiers habitants, je veux dire, ceux qui baptisèrent bien avant la pose du premier rail l'ensemble du monde autour d'eux, en définirent le cadastre et la dramaturgie, c'est-à-dire les Amérindiens : là les Susquehanna et les Winnebago, ici les Erie et les Potawatomi, là les Kaskaskia et les Illinois.

Quand on commence à traverser l'Amérique, il est difficile de ne pas voir surgir, comme une ombre vaporeuse qui voilerait le soleil, le grand fantôme indien de tous ceux-là qui ne nous attendirent pas pour nommer chaque roche et chaque sente et chaque étang et leur faire plus de place dans leurs langues que nous dans les nôtres, ayant su nouer ensemble, comme personne après eux peut-être, langage et paysage. Si une chose a survécu au massacre des Indiens, c'est bien elle, la langue – la langue qui partout se venge et hante le territoire, partout se maintient jusque dans le nom des États (Delaware, Iowa, Nebraska, Michigan, Ohio, Wyoming et tant d'autres), la langue qui distribue les paysages et la mémoire des lieux. Surtout cela, la mémoire des lieux. Dans son si beau livre sur la langue apache, l'anthropologue Keith Basso écrivait cette chose que nous pressentons tous, mais que nous sommes heureux de voir formulée ainsi, que « le savoir des lieux est connecté à la connaissance de soi, à la saisie de sa position dans le grand schéma des choses [...] garantissant à chacun le sens de qui il est ». Peut-être sommes-nous plus heureux encore que cette phrase soit issue d'une longue méditation sur la langue indienne, sur sa manière si à part de dire le monde qui l'entoure et de faire de lui le récipiendaire d'une identité, comme s'il y avait là, dans ce nouage si intime entre matière et pensée, une manière de construire le sens autrement qu'en érigeant des villes et des églises, autrement qu'en équerrant l'espace, mais seulement en négociant cette relation si serrée à la nature, au point de faire se fondre incessamment langue, mémoire et paysage. Et tandis que nous traversons les plaines au sortir de l'hiver, les élevages de l'Illinois, les maïs invisibles de l'Iowa, les bœufs noirs du Nebraska, nous continuons de chercher les noms indiens qui traînent sur les panneaux comme des poèmes encadrés sur les bas-côtés, Montezuma, Waukee, Sioux City et même Ogallala.

Il m'arrive, en écrivant ces lignes, de me demander si cette histoire d'Indiens pourrait être une afféterie de ma part, du fait qu'elle n'est pas mon histoire ni ma spécialité, du fait qu'elle me serait si exogène qu'alors je n'aurais aucune légitimité à l'évoquer. Au contraire même, me dis-je quelquefois, elle exigerait un silence respectueux, afin d'éviter la facilité d'une pensée pour ainsi dire touristique qui payerait son écot à sa honte passagère – vu qu'à moins de s'appeler John Wayne, à moins d'avoir la morgue obtuse et de pouvoir dire, ainsi qu'il est exposé en plein territoire navajo : « je n'ai jamais eu honte de mon pays ni d'aucun moment de son histoire », à moins de cette obscure et crasse virilité, disais-je, il est difficile de ne pas ressentir ce mélange de gêne et de culpabilité lorsqu'on traverse l'Utah puis l'Arizona, difficile de ne pas ressentir la présence aiguisée d'un grand chef indien, le regard noir et comme inquisiteur qui semble à jamais logé là, dignement, dans chaque anfractuosité de la roche, dans chaque rue de chaque ville, de sorte que, plus on s'enfonce dans le ventre de la baleine américaine, plus s'en efface tout ce qui n'est pas indien.

Car, après tout, qu'est-ce qui n'est pas indien en Amérique ? Rien, sinon le monde si récent des débarqués, c'est-à-dire quoi ? La voiture, les armes à feu, l'argent, les vitres fumées des buildings, enfin le cinéma qui a permis de maquiller l'ensemble et de truquer l'histoire – toutes choses qui désormais se télescopent et deviennent folles comme dans un film de Cronenberg ou de Tarantino. C'est pourquoi aussi, qu'on le veuille ou non, le monde indien, parce qu'arrêté dans son élan il y a quatre siècles, apparaît forcément, au milieu de ce délire de *fake* et d'*entertainment* qu'est l'Amérique blanche, comme une stase supérieure de la vérité, au risque de réactiver ici (mais admettons que je prenne ce risque) le mythe du bon sauvage, avec son ratio d'innocence et d'authenticité.

Il n'empêche que traversant ces territoires, je me suis dit cela : que pour vraiment dire l'Amérique, il faudrait que j'apprenne une langue algonquine, de celle qu'on parlait sur les rives des Grands Lacs, bien avant que les Skyline de New York, de Detroit ou de Chicago ne se dressent face à l'eau et ne fassent pas grand cas d'elle, la langue en question, ni de ses locuteurs si déroutés de voir surgir cette forme-là d'arrogance, ce devenir vertical d'un monde qui, en fait, demandait le contraire : rester horizontal. Encore aujourd'hui, si on parcourt le territoire à même son sol – de l'intérêt d'éviter l'avion –, l'Amérique est essentiellement cela, de l'horizon, de l'horizon à perte de vue. On dirait en marine qu'on a « toujours de l'eau à courir », et c'est une chose capitale, du moins sur la mer, quand par mauvais temps c'est à cette quantité d'eau libre qu'on devra de ne pas être drossé sur les rochers. Mais il semblerait qu'aucune terre à courir n'ait suffi aux Indiens pour éviter d'être drossés sur les rochers.

Le problème, quand on commence à penser l'Amérique du point de vue des Indiens, c'est que toutes les autres choses qu'on pourrait aimer d'elle s'écroulent, à commencer par la hauteur des tours de New York ou de Chicago (puisque ce sont les deux seules villes dans lesquelles on s'est un peu attardés) et que soudain, vu de l'autre point de vue, on croirait montées là exprès pour contredire le monde indien, le pétrifier dans leurs reflets glacés, avec ces terrasses tout là-haut où l'on boit des cocktails – à Chicago plus encore qu'à New York, c'est bien ainsi : il existe une vie discrète et qu'on dirait souterraine si elle n'avait lieu au dernier étage des gratte-ciel où toute la ville blanche et riche et cravatée se retrouve là dans d'immenses bars pour contempler le lac et toiser l'alentour, assez condescendante ou schizophrène pour se lamenter sur le destin malheureux de ceux qui restent à ras du sol, c'est-à-dire les pauvres, c'est-à-dire les Noirs ou bien les Hispanos ou bien, toujours, les Indiens.

Sur les rives du lac Michigan, on dit que les Illinois ne firent pas le bon choix en s'alliant aux

Français, quand les Iroquois négociaient leurs fourrures avec les Anglais. Pourtant, à la fin, il n'est pas sûr que les Iroquois y aient beaucoup gagné, pas plus qu'ailleurs les Cheyennes ni les Comanches ni les Hopis ni les Seminoles ni les Apaches ni les Pawnees ni les Sioux.

Et voilà qu'avec Christian, on rêve chacun de reproduire la liste exhaustive de toutes les tribus vivantes et disparues, de l'égrener à voix basse comme on arpenterait les allées d'un cimetière où de seulement les murmurer les ressusciterait le temps de leur énonciation. Il y a cela aussi avec les noms indiens : quelque chose qui en appelle la nomination infinie, peut-être par souci de révérence mémorielle, peut-être aussi par cette force acoustique des langues dont je serais bien incapable de m'expliquer le charme, peut-être enfin parce qu'il ne nous reste que cela, le poème des noms, soufflé par le grand rire indien qui s'étend tragiquement à la surface des sables, dans les déserts de l'Utah et de l'Arizona, de Monument Valley ou de Grand Canyon, n'en finissant pas de troubler le paysage et de lui redonner sa profondeur de champ. Ainsi conduisant notre voiture depuis le monde cheyenne jusqu'au monde hopi, nous avons comme déposé un sonar sur le capot, et chaque nom lu sur le bas-côté émet son onde qui rebondit sur le verre du pare-brise, là, parmi les plaines et les déserts, sur les rochers rouges du Colorado, dans les montagnes de Flagstaff, partout où toutes choses se distribuent selon les lois qu'on dirait coécrites de la géologie et de l'indianité.

Peut-être l'Indien, comme l'écrivain, a appris à se consoler dans l'épaisseur des noms, en sachant que là, dans le langage, il possède un trésor qui le lie à plus fort que l'oppresseur, continuant de tisser par lui le nœud mémoriel qui maintient le sens et renouvelle la longue chaîne qui le lie à ce temps, désormais sans retour, où la vie, sûrement pénible et âpre, avait au moins le mérite de suivre son cours. Car s'il y a bien une chose que les débarqués firent, c'est détourner le cours des choses, faisant monter en flèche les actions de l'artifice, et délirant assez, dès leur arrivée, pour arraisonner la vie réelle à leur vision mystique, conquérante et confiscatoire. Parions que c'est parce qu'il est impossible à leurs descendants de vivre avec ce poids sans cesse sur les épaules que la dénégation gagnera toujours, moyennant quelques plaques et réserves. Au moins laissent-ils à l'Indien le mythe de l'homme naturel, enraciné dans la Terre-mère en gage de vérité.

Toute la contre-culture américaine l'a depuis longtemps compris, depuis Whitman et Thoreau et jusqu'à Jack Kerouac, Jim Harrison ou Annie Dillard : le seul endroit d'où une vérité peut émerger, dans un monde tout de toc et d'avidité, c'est à la source, à l'horizontal des rivières qui descendent les canyons, dans le corps-à-corps originel qui seul justifie l'Amérique et quelquefois même, en excuserait la bêtise et la vulgarité, faite de motels et de highways, de stations-essence et de mauvais cafés, confondante de fadeur et d'uniformité. Mais c'est ainsi, cette Amérique-là, bête et méchante en un mot, le grand poème la traverse aussi – et n'exige rien d'autre que le long travelling qui s'avance à travers le pare-brise moucheté de poussière, scandé par les grandes fermes posées seules sur la ligne d'horizon, et les Gas Food Lodging qui pullulent tous les vingt miles.

Les noms

« Dans mon délire je me dis que, de la même façon que nos deuils nous nourrissent, une ville est enrichie par ses spectres. C'est peut-être même là, à y bien réfléchir, une des explications de la fascination que certaines villes exercent sur nous, qu'il s'agisse d'Alexandrie, de Lisbonne, de Hanoi, de Prague ou de Harar, qui partagent avec Calcutta le privilège d'être des *laboratoires de la nostalgie*. On pourrait presque définir pour chaque ville un *indice de spectralité*, qui ne serait pas seulement le quotient d'une population et de ses morts, mais intégrerait tout ce qui, dans l'architecture ou les représentations que s'en font ses habitants, évoque la constance du lien avec le passé. »

Sébastien Ortiz, *Fantômes à Calcutta*.

Si l'on tente d'appliquer cet *indice de spectralité* au territoire américain, ce ne sont pas les villes ni leurs architectures qui s'en trouveraient frappées, mais le pays tout entier, ses plaines et ses collines, ses fleuves et ses criques, ses montagnes, ses plages, ses arbres, ses rivières, ses hautes herbes, ses orages, ses brises, ses déserts et ses lacs, au-dessus desquels se laisserait entendre, à peine murmuré, un arrière-bruit persistant, litanie de noms lentement psalmodiés, dont certains résonnent encore un peu à nos mémoires, la plupart faiblement, et d'autres plus du tout.

Malecite Passamquoddy Penobscot Pennacook Mahican Nipmuc Nauset Massachusetts Narragansett Pequot Wampanoag Wappinger Montauk Delaware Conestoga Mohawk Oheida Cayuga Seneca Iroquois Munsee Nanticoke Delaware Unalashtigo Conoy Susquehanna Nanticoke Powilatan Nottoway Weapemeoc Secotan Boca Tuscarora Pamuco Tutelo Saponi Catawba Pamlico Coree Sewee Catawba Edisto Cusabo Guale Stono Yamasi Yuchi Guale Aiola Sawokii Chatot Apalachee Timicua Seminole Ais Jhaon Guacata Jeaga Calusa Tekesta Huron Uninh Mohacan Erie Cherokee Creek Mobile Ottawa Miami Wea Piankasha Shawnee Chickasaw Chippewa Algonkin Sauk-fox Choctaw Menomini Kickapoo Winnebago Potawatomi

Kaskaskla Peoria Illinois Tamaroa Cahokia Oneida Wea Moingwena Taposa Tunica Natchez Biloxi Wasiur Chawasha Chitimacha Chakchiuma Chickamauga Quapaw Quibwa Mobile Bantee-Dakota Yanktonai-Dakota Santee Wahpeton Lowa Missouri Osage Caddo Kichai Alabama-Coushatta Assiniboine Atakapa Tonkawa Tawakoni Wichita Oto Omaha Ponca Brule Sioux Mandan Hidatsa Arikara Hunkpapa Sans Arc Teton Brule Dakota Oglala Cheyenne Pawnee Kansa Kiowa Wichita Waco Karankawa Blackfoot Atsina Piegan Crow Arapaho Comanche Apache Jicarilla-Apache Faraon U-Anero Anasasi Mescalero Moabreno Opata Gueno Zuni Coyotero Pueblo Navajo Faraon Mescalero Ute Hopi Zuni Wind River Shoshone Mimbreno Flathead Kootenay Blood Cœur d'Alene Nez Percé Lemni Bannock Shoshone Gosiute Havasupai Walapai Yavapai Coyotero Santo Domingo Pima Pinal Arevaipi Chiricahua Opata Yaqui Tigua Waco Kiowa Cree Blood Sarcee Beaver Cowichan Squamish Nisqually Chenalis Thomo Chinook Kalapuya O'odham Yuma Mojave Cocopah Maricopa Kauspel Spokane Methosi Pauni Wallawalla Umatilla Wailatpu Walpapi Nlamath Northern Paiute Southern Paiute Panamint Chemenueyi Serrano Cahuila Diegueno

Luiseño Gabrielino Chumash Sallman
Esselen Costanoan Yokuts Mono Miwok
Patwin Maidu Tomo Wintu Washoah
Klamath Gosiute Umitilla Lemni Bannock
Modoc Yuki Wiyot Shasta Yuroc Kusa
Karok Western Shoshone Mission Paiute
Tutunti Kalapuya Alsea Yaquina Siublaw
Waltapi Yakum Tenino Chewalls Cowutz
Quihales Makan Nuthchainuth Squamise

Lettre à un ami français

Flagstaff, Arizona, le 9 mai.

Mon cher X.,

Une anecdote de Flagstaff où nous nous sommes arrêtés ce 9 mai, au bord de la Route 66. Il était prévu de longue date qu'on y retrouve Raphaëlle, une jeune Française qu'on ne connaissait pas mais qui se trouve être la fille d'un ami à nous, écrivain lui aussi (tu le connais peut-être, il s'appelle Patrice Robin). Raphaëlle, pour tout te dire, est venue aux États-Unis faire sa thèse d'anthropologie sur les Indiens Navajos, dont le territoire se trouve à quelques centaines de kilomètres au nord. Seulement, à force de fréquenter les Indiens, elle a fini par se marier avec l'un d'entre eux. Il s'appelle Brian et tous les deux sont venus s'installer là, à Flagstaff.

Bon, jusque-là, rien d'extraordinaire. Mais voilà qu'on va dîner tous les quatre et Raphaëlle nous raconte que Brian, quand il était plus jeune, a joué dans un film, un vrai film, oui, mais que c'est dommage, ce fut un four complet, et personne ne l'a vu. Je ne sais pas ce qui m'a pris de demander quand même le titre du film mais enfin je l'ai fait, et Brian m'a répondu, plutôt blasé : The Sunchaser. The Sunchaser *?, j'ai fait, le film de Michael Cimino ? Oui, c'est ça, a dit Brian, le film de Cimino. Mais c'est incroyable, j'ai dit, j'adore ce film, je l'ai vu trois fois.*

C'est fou, non ? Le premier Navajo que je rencontre en vrai, je l'ai déjà vu au cinéma il y a vingt ans. Quant au film lui-même, tout le monde ne pense pas comme moi et la critique a plutôt la dent dure contre ce road-movie un peu mystique. En fait, c'est l'histoire d'un métis indien atteint d'une maladie incurable qui prend un médecin en otage pour se faire conduire vers la montagne sacrée qui pourra le guérir. Brian ne jouait pas le rôle principal mais le jeune chef d'une bande de Navajos que les héros croisent en chemin. On a regardé ensemble la scène sur le téléphone de Brian et je peux dire que c'est bien lui, quelques années plus tôt, les cheveux beaucoup plus longs, planté sur un étalon noir et toisant Woody Harrelson qui semble le prendre pour un sauvage. Après quoi j'ai bien peur que ce ne soit pas le seul, à le prendre pour un sauvage, car quand plus tard, je suis allé voir sur Internet ce que je trouvais sur le film, ce que je redoutais s'est produit : là où tous les rôles les plus mineurs, jusqu'à de simples voix téléphoniques, sont au crédit des acteurs les plus insignifiants, il n'y a rien, pas une mention des Navajos qui ont joué dans le film – pas un mot sur Brian.

J'espère que cette lettre que je t'envoie pourra faire office, modestement certes mais quand même, de réparation.

Amitiés.

Autour de Salton Sea

Dans les années 50, Frank Sinatra, Bing Crosby et Jerry Lewis ne passaient peut-être pas leurs vacances ensemble, mais ils allaient souvent au même endroit, au sud de la Californie, le long d'un grand lac salé situé à 90 mètres au-dessous du niveau de la mer et sur les rives duquel s'égrenaient les stations balnéaires : un lac nommé Salton Sea, très couru à l'époque, attirant chaque année plus de monde que le parc de Yosemite ou Palm Springs, sorte de Riviera dont les lieux de villégiature, alignant casinos, bars à vedettes et plages immenses, s'appelaient Salton City, North Shore ou Bombay Beach.

C'était un lac accidentel : il s'était formé à la suite de la rupture d'un barrage sur le Colorado quelques décennies plus tôt, à la suite de quoi les eaux avaient terminé leur course dans le bassin d'une ancienne mer depuis longtemps disparue, s'y étaient trouvé bien et, contrairement aux prévisions, y étaient restées, alimentées par les eaux d'écoulement des plaines d'irrigation alentour. On y avait introduit plusieurs espèces de poissons, dont les tilapias, ceux-là même, dit-on, que multiplia Jésus : ce lac relevant lui-même d'une sorte de miracle, cela se justifiait. Diverses espèces d'oiseaux migrateurs avaient élu l'endroit comme aire de repos, et par milliers ils venaient y nicher, à la joie des touristes venus s'y établir eux aussi, dans des parcs à mobile-homes et caravanes, des hôtels et motels parfois construits à la va-vite. De vastes plages de sable plus ou moins blanc, un soleil permanent, des eaux salées comme dans l'océan deux cents kilomètres plus loin, une mer intérieure à deux pas de Los Angeles au nord et de San Diego au sud, des oiseaux, des poissons, des stars qui venaient s'y montrer à grand renfort de reportages divers, il n'en fallait pas plus pour lancer le mythe, dont témoignent encore aujourd'hui quelques panneaux publicitaires d'époque.

Cela a duré un temps, et puis ça s'est gâté. L'eau a commencé à s'évaporer, le taux de salinité à augmenter, ce qui accéléra l'évaporation de l'eau, ce qui augmenta le taux de salinité, et ainsi de suite, taux qui bientôt dépassa celui de la mer Morte. Les poissons moururent et leurs cadavres encombrèrent les plages, sauf quelques tilapias plus résistants que les autres, qui s'accommodèrent assez bien d'une salinité élevée (ce sont des poissons miraculeux, n'oublions pas). Les touristes ont quitté les lieux, les hôtels et parcs à mobile-homes se sont vidés, les stars ne sont plus venues y bomber le torse, la pollution due aux cultures alentour s'est accentuée, est remontée à la surface, et le grand lac salé est devenu un grand lac mort. Aujourd'hui ses rives sont abandonnées, et n'y subsistent que caravanes éventrées et mobile-homes déglingués, vestiges d'une époque aussi brève que révolue dont témoignent encore quelques photos de starlettes en bikinis posant sur des plages jadis fréquentées et à présent transformées en cimetières pour poissons. Quelques personnes cependant continuent à vivre à Bombay Beach, le plus souvent des fauchés en tout genre, vétérans sans pension, retraités désargentés, familles surendettées, populations en bout de course, laissés-pour-compte d'une Amérique oublieuse.

Un peu plus loin vers le sud du lac, à Slab City, se trouve un autre assemblage de caravanes et de mobile-homes usés, autour d'un endroit appelé Salvation Mountain, sorte de mausolée art brut d'un facteur Cheval qui, au début des années 80, aurait reçu l'illumination divine de la nécessité de se repentir. Le lieu servit de cadre à quelques scènes du film *Into the Wild*. S'y pressent aujourd'hui des *beats* un peu âgés, quelques illuminés, des gratteurs de guitare, toute une communauté qui vit là sans eau ni électricité, dans « le dernier endroit libre » des États-Unis, ainsi que le proclame un kiosque rouge vif à l'entrée du campement – une ville sauvage fonctionnant sur l'entraide et l'absence de propriété privée.

Son fondateur se nommait Leonard Knight, un chevalier donc, probablement de la Vraie Foi, qui « vers le milieu de sa vie », explique une plaque commémorative érigée en 2016, découvrit la religion, ou fut découvert par elle. Mais, comme l'Alighieri pénétrant, lui aussi au milieu de sa vie, dans la forêt obscure, il se sentit un peu perdu. Il faut dire que « toutes les religions étaient trop compliquées pour Leonard », indique aussi la plaque, si bien qu'il découvrit, « en même temps que la religion, la frustration ». Mais lui n'avait pas de Virgile pour le guider – si ce n'est, tout de même, Jésus *himself*. Aussi décida-t-il de considérer les choses

« très simplement » : il fallait « se repentir devant Jésus-Christ, et nos péchés seraient pardonnés ». « Un message simple, direct et puissant », insiste la plaque. Il suffisait d'y penser. Originaire du Vermont, il parcourut les USA et arriva ici, du côté de Salton Sea, en 1984. Il avait trouvé son lieu, dont il ne bougea plus pendant la majeure partie des trente ans qui lui restaient à vivre. Alors il décida de lancer au monde un message consistant en l'affirmation sobre que « Dieu est amour ». Il construisit peu à peu sa Salvation Mountain, sorte de Golgotha psychédélique et coloré parsemé d'inscriptions à la gloire de Jésus et de Dieu (« *God never fails* », « *Say Jesus, I'm a sinner, please come upon my body and into my heart* », « *Repent* »), avec ce qu'il avait sous la main, matériaux bruts, glaise, peinture, dons de sympathisants et de curieux.

Pour grimper au sommet de la Salvation Mountain il faut suivre une Yellow Brick Road, comme dans *Le Magicien d'Oz.* Les décorations sur le chemin sont variées. « Vous remarquerez, est-il écrit sur une autre plaque explicative, la récurrence du mot “Amour” écrit dans de grands cœurs rouges, mais aussi des fleurs, des arbres, des chutes d'eau, des soleils, des oiseaux et d'autres objets fascinants et colorés. » En 2011,

Leonard Knight devenu trop âgé quitta les lieux, et une association s'occupe depuis lors d'entretenir le site, toujours ouvert à tous. C'est le 10 février 2014 « qu'il rencontra son Mentor », dit la plaque, à l'âge de quatre-vingt-deux ans.

LISTE DES ANIMAUX

1

Trois hirondelles, cinq tourterelles sur le porte-containers *Puget*, entre Fos et New York. Les premières ont fait tout le voyage, les secondes ont disparu au bout de quelques jours.

Le taureau de Wall Street, cornes et couilles porte-bonheur que touchent et polissent les passants.

Un couple de bernaches du Canada et leurs quatre oisons à la queue leu leu sur le lac Michigan, à Chicago.

Oscar et Sheba, les deux chiens de Warren et Marie, à Boulder, Colorado. Sheba est petite, hirsute et plutôt acariâtre. Race indéfinie. Oscar est court sur pattes, silencieux et débonnaire. C'est un Welsh Corgi, chiens apparemment très populaires aux USA : sur les chemins, les sentiers, les gens s'arrêtaient pour l'admirer, le caresser, lui dire des mots doux.

Des biches dans les jardins autour de chez Warren et Marie.

Deux orignaux femelles dans le Rocky Mountain National Park.

Une renarde et ses quatre renardeaux dans l'ancien village minier de Gold hills. Ils jouaient, s'arrêtaient, nous regardaient, se remettaient à jouer.

Un chien navajo montant la garde devant un panneau « *No hiking* » dans Monument Valley.

Des poissons morts à Salton Sea, lac salé tout aussi mort.

PROVERBES DU JOUR

1

14/04, cargo Fos-New York
Les bons comptes font les bons amis
(quant à la caisse commune qu'on envisage de mettre en place)

15/04, cargo Fos-New York
À cheval donné on ne regarde pas les dents
(quant à quelque chose que l'un de nous a reçu en cadeau)

17/04, cargo Fos-New York
Nécessité fait loi
(quant au fait que l'on ne boive pas d'alcool sur le cargo)

18/04, cargo Fos-New York
Il n'y a pas de sots métiers, il n'y a que de sottes gens.
(quant à la présence d'une jeune fille, au port de Valence, qui vend des produits électroniques sur les porte-containers)

18/04, cargo Fos-New York
On n'est jamais si bien servi que par soi-même
(quant à l'oubli quasi systématique, par l'un de nous deux, du sucre dans le café que prend l'autre)

19/04, cargo Fos-New York
Abondance de biens ne nuit pas
(quant à la difficulté à choisir parmi la profusion des idées)

20/04, cargo Fos-New York
Chat échaudé craint l'eau froide
(quant à la crainte de voir un manuscrit refusé par un de nos éditeurs)

22/04, cargo Fos-New York
Songe, mensonge
(quant à la date d'arrivée à New York dans le rêve d'un de nous deux)

23/04, cargo Fos-New York
On ne peut pas avoir le beurre et l'argent du beurre
(quant à devoir choisir entre le coucher de soleil et une partie d'échecs)

25/04, cargo Fos-New York
À Rome, fais comme les Romains
(quant à se préparer aux différentes coutumes)

29/04, New York
Ne fais pas à autrui ce que tu ne veux pas qu'on te fasse.
(quant au fait d'être en retard à un rendez-vous)

29/04, New York
L'exactitude est la politesse des rois
(quant au même problème que ci-dessus)

30/04, train New York-Chicago
Nécessité fait loi *(bis)*
(quant au fait qu'il faudrait boire à n'importe quel prix pour bien dormir dans un train de nuit)

01/05, train New York-Chicago
C'est l'occasion qui fait le larron
(quant au fait que nous soyons ensemble pour ce voyage)

02/05, Chicago
Loin des yeux, loin du cœur
(quant à ne pas recevoir de nouvelles de nos proches en France)

02/05, Chicago
Patience et longueur de temps font mieux que force ni que rage
(quant à attendre sous un auvent que la pluie cesse)

03/05, route Chicago-Ogallala
Il ne faut jamais dire jamais
(quant à certaines villes qu'on pense ne jamais visiter)

05/05, Boulder
Faute de grives on mange des merles
(quant à prendre une autre route que la 66)

07/05, Moab
Qui trop embrasse mal étreint
(quant à vouloir tout voir dans Arches National Park)

08/05, route Moab-Monument Valley
Il faut rendre à César ce qui appartient à César
(quant aux idées échangées puis écrites)

09/05, Flagstaff
Qui ne tente rien n'a rien
(quant à la forme du livre à venir)

10/05, route Flagstaff-Calipatria
Les paroles s'envolent, les écrits restent
(quant à la nécessité de noter les proverbes au fur et à mesure)

10/05, route Flagstaff-Calipatria
Il ne faut pas se fier aux apparences
(quant à la forme des paysages vus de loin)

11/05, route Calipatria-San Diego
Il ne faut pas jouer avec le feu
(quant à faire le plein de la voiture par précaution avant le désert de Mojave)

Pacifique

Cargo 2.1

Je n'aurais jamais imaginé que, me hissant un jour le long d'un étroit escalier métallique permettant d'accéder au pont inférieur d'un énorme porte-containers, je me serais senti en pays de connaissance – avec toutefois un léger effet de loupe dû aux dimensions encore plus imposantes de celui-ci, le *CMA-CGM Tigris*, par rapport au précédent, le *CMA-CGM Puget*. Comme si on passait soudain d'un texte en corps 12 à un autre en corps 14 ou 16. Ou alors de la France aux États-Unis, pour ce qui concerne la hauteur et la largeur (pour ne pas dire l'épaisseur) de leurs habitants respectifs, la longueur de leurs routes, le nombre de wagons de leurs trains, ou la taille de leurs immeubles et de leurs paysages (il n'y a guère que celle de leurs voitures qui ont fini par se rejoindre, vers la fin des années 90).

Le *Tigris* compte trente membres d'équipage, dont une seule femme, qui est d'ailleurs officier – Cyrinne, une Philippine plus jeune que mon fils. Les autres sont un Bulgare (le capitaine), huit Roumains, deux Chinois, deux Indiens et seize Philippins. Dieu gisant dans les détails, nous ne pouvons faire autrement que de noter similitudes et différences, certaines minimes, d'autres moins. Contrairement à nos habitudes atlantiques, nous ne pourrons pas, pendant notre traversée pacifique, traverser à notre guise la cuisine entre les deux salles à manger ou aller nous promener non accompagnés le long du navire jusqu'à la poupe ou la proue, mais on nous servira à table et nous pourrons probablement plaisanter avec le capitaine qui est, disons, plus avenant que le précédent. L'eau minérale, le savon liquide, le papier toilette, seront coréens et plus espagnols. Nous n'aurons plus une cabine pour deux mais une chacun, et un seul hublot au lieu de deux. Les repas seront toujours servis à 7 heures, midi et 18 heures, et il n'y aura plus un Mirò, mais deux, dans la salle à manger des officiers, qui ne sera plus composée de deux tables de six personnes et d'une de quatre, mais d'une de dix et, toujours, d'une de quatre pour les passagers (c'est-à-dire nous et Irving, un jeune Américain d'origine mexicaine qui vit au Nouveau-Mexique). La répartition des convives demeurera liée à des critères nationaux, et non hiérarchiques : qu'ils soient officiers ou non, les Européens et les Chinois prennent leurs repas au mess des officiers, les Philippins et les Indiens dans l'autre salle à manger. Sinon, le *Tigris* est colossal : plus long de vingt mètres que le *Puget*, qui n'était déjà pas petit, et plus large également de vingt, il pèse plus du double en pleine charge. Il faut dire qu'il peut transporter trois fois plus de containers. C'est sur ce monstre que nous embarquons pour le Japon. *E la nave va.*

*

Le passage de la frontière étasuno-mexicaine avant-hier fut d'une extrême fluidité : tout s'est déroulé sans rencontrer le moindre obstacle. En fait, on passe comme dans du beurre. Bien sûr, il ne faut pas se tromper de sens : il vaut mieux aller de San Diego à Tijuana que l'inverse. Si vous êtes dans le bon sens, il suffit de prendre la ligne bleue du trolley de San Diego jusqu'à San Ysidro, de passer la frontière à pied, d'attendre cinq minutes qu'un douanier, impassible comme tous les douaniers, remplisse à la main une petite fiche d'entrée sur le territoire, et le tour est joué. Dans l'autre sens, il vaut mieux prévoir une journée de file d'attente et de formalités diverses, surtout si vous êtes en voiture.

Si on ne veut pas rester à Tijuana, ce qui peut se comprendre, on prend ensuite un bus ABC qui une heure et demie plus tard vous dépose à Ensenada, d'où partent les cargos. Ensenada est aussi connue pour avoir été le lieu où fut inventé, dans les années 40, le cocktail Margarita, et pour avoir eu Jim Morrison comme étudiant une vingtaine d'années plus tard. Par ailleurs, l'endroit attire les surfeurs, les touristes et les baleines. Nous n'avons vu ni les premiers ni les troisièmes (hélas), et à peine les deuxièmes, mais vu le nombre de boutiques de souvenirs et de babioles à deux sous, leur présence occasionnellement massive ne fait aucun doute. En fait, nous n'avons pas beaucoup vu la ville, si ce n'est la promenade le long du port, plutôt sympathique d'ailleurs, avec un air de quotidienneté familiale et bienveillante, une sorte de *passeggiata* à l'italienne à toute heure de la journée. Ensenada est sans réel cachet, mais elle a quelque chose de moins *fake* que la plupart des villes américaines de l'autre côté de la frontière : de plus débraillé, disons, de plus brut et chaleureux. On doit pouvoir s'y sentir à l'aise.

Lorsque nous sommes arrivés, un cargo de la CMA-CGM était à quai. Comme nous avions hâte d'embarquer sur le nôtre, prévu le lendemain, nous sommes restés à l'attendre dans les environs de l'hôtel, tout à côté du port. Le jour du départ, il nous a fallu jongler entre les ordres contradictoires des divers officiers portuaires et bureaux des douanes, patienter deux heures debout à l'entrée du port parce qu'il nous manquait un document très important, absolument obligatoire et essentiel, dont personne ne nous avait parlé, ni à la frontière ni ailleurs, avant d'en être finalement exemptés et de pouvoir accéder au bateau. De là, nous pouvions voir la ville, étendue aux pieds de collines pelées. Nous étions enfin à bord, dominions le paysage, et nous étions bien : à dire la vérité nous nous sentions chez nous, prêts à retrouver nos marques et à enchaîner les journées de 25 heures. Car s'il y a bien une chose que nous avons découverte au cours de ce voyage, c'est le plaisir addictif des traversées en cargo.

La tâche de l'écrivain

Voici donc notre deuxième voyage en cargo et après sept jours de mer, je sais que je pourrais reprendre intégralement la chronique du premier océan, tant tout recommence, étrangement, à l'identique. Je pourrais l'améliorer ou la compléter mais je serais un peu honteux d'avoir fait de l'Atlantique un simple brouillon du Pacifique, à cause de l'égal respect que j'ai pour toutes les formes de mer et d'océan, à cause aussi du pied d'égalité d'où je les observe, d'où la même eau blanche et grise continue d'écumer sous les pâles de l'hélice, d'où le même rythme vital s'établit sous la scansion des jours, et d'où les états d'âme semblent également dictés, indexés qu'ils sont sur la couleur du ciel ou la satisfaction du travail accompli. Car on travaille un peu sur un cargo, du moins on y passe des heures assis à son bureau, au point qu'il est conseillé à quiconque voudrait nous imiter d'avoir quelque chose à y faire, fût-ce y relever scrupuleusement l'état de son âme, ce pourquoi il semble, les semaines passant, que je devienne expert, occupé sans cesse à en écouter la cantilène murmurante, et doué pour cela d'un stéthoscope dernier cri, celui-là qui s'appelle temps libre et presque immobile – non pas que je sois sourd à l'avancée du bateau mais la sérénité du Pacifique, qui porte ici bien son nom, nous ferait presque oublier qu'on se déplace encore et toujours, d'est en ouest pour ne pas changer, par 38 degrés de latitude nord.

De fait, le navire est cela, une bulle d'air conditionné qui semble disparaître des cartes à force de graviter sur lui-même. Il faut dire que la puissance d'autarcie d'un porte-containers ferait rêver plus d'un survivaliste, générant son électricité, son air et même son eau, consacrant des pièces entières à la conservation de nourriture – une pour les viandes, une pour les légumes, une pour les conserves et les boissons. Trois cents kilos de porc. Deux cents kilos de bœuf. Cinquante kilos de café. Six mille litres d'eau en bouteille.

Je me souviens d'avoir lu quelque part, concernant la marine marchande du XVIIe siècle, qu'on embarquait un homme spécialement pour ça, faire les comptes de chaque chose qui se trouvait à bord, les vaches, les cochons, les munitions, les tonnes d'épices qu'on rapportait des Indes. Et cette fonction d'intendance avait un nom, c'était « l'écrivain ». Je ne crois pas qu'on lui demandait par ailleurs de faire de la littérature et on pourrait croire qu'il y a là deux définitions distinctes du métier d'écrivain. Pourtant, tout le monde sait les liens ancestraux qui lient les comptables et les écrivains, depuis les premiers scribes assyriens comptant les moutons et les sacs de blé jusqu'à Georges Perec et Jacques Roubaud comptant les autobus et les marches d'escalier. Tout le monde sait les vertus apaisantes des comptes et des listes, ordonnant le monde autour d'elles, et comme domestiquant la matière ébouriffée.

Alors, de même que Christian s'en est acquitté sur le premier navire, ce pourrait être à mon tour de « faire l'écrivain », c'est-à-dire de consigner dans ce livre quelques données concrètes concernant le *CMA-CGM Tigris* depuis lequel j'écris ces lignes, installé dans la cabine passager de 14 mètres carrés sise au pont F du château (ainsi qu'on nomme la partie habitée du navire), six étages au-dessus du pont principal, d'où j'ai vue sur le 16e niveau de container, à environ 35 mètres au-dessus du niveau de la mer, c'est-à-dire aux quatre cinquièmes exactement de la hauteur totale du bateau qui est de 62 mètres, dont une quinzaine se trouvent sous la ligne de flottaison – toutes choses écrites sur la fiche technique posée à côté de moi, la hauteur totale et le tirant d'eau, ainsi que mille données précieuses pour le génie mécanique qui sommeille en moi. Je cite, tous azimuts : longueur hors tout 300 mètres, largeur 48 mètres, poids à vide 33 000 tonnes, poids à plein 143 000 tonnes, vitesse maximum 25 nœuds, propulsion par deux moteurs diesels de 45 000 watts chacun, assistés de quatre moteurs auxiliaires de 3 000 watts, consommant 140 tonnes de fuel par jour pompé dans six réservoirs ballastés qui représentent en s'additionnant 10 000 mètres cubes soit un peu plus de 7 500 tonnes de fuel (attendu que la densité du pétrole est de 0,75 fois celle de l'eau), pour acheminer à bon port jusqu'à 10 620 containers, encore que le porte-containers n'est pas plein, qu'il n'est d'ailleurs jamais vraiment plein, puisque se vidant se remplissant de port en port, en l'occurrence en suivant la longue rotation qui le mène de Hong Kong à Manzanillo en passant par Busan et Yokohama, sans parler des dix autres ports desservis le long des côtes de la Chine ainsi que le long des côtes de l'Amérique du Sud et ainsi de suite plusieurs fois, sans que son équipage mette le pied à terre.

Nous, c'est différent, nous descendrons bientôt. Et puis nous sommes traités comme des invités, outre que nous avons largement payé notre tribut au navire, si parmi les chiffres que je me dois d'indiquer ici, il y a celui-là aussi, du prix du voyage en cargo, à savoir : environ 120 euros par 24 heures, soit 1 700 euros pour la traversée du Pacifique, logés nourris, s'entend, et même blanchis par la compagnie marseillaise qui possède le navire, la déjà nommée CMA-CGM – ce qui n'empêche pas le bateau d'appartenir à quelque société immatriculée dans une discrète île du Pacifique, ni de naviguer sous pavillon maltais, ni d'avoir à sa tête un capitaine bulgare, selon les coutumes très internationales de la marine marchande et plus encore des porte-containers qui à eux seuls représentent 80 % du fret mondial – cela, ce n'est pas à la fiche technique à côté de moi que je le dois mais aux cours de géographie de quatrième de ma fille Madeleine, par lesquels j'ai appris, en même temps qu'elle, que la mondialisation et l'intensification du trafic maritime étaient intimement connectées.

Je ne mesure pas à quel point, au milieu du Pacifique, dans ma cabine de 14 mètres carrés qui regarde la mer, bercé de solitude et de poésie, je suis au cœur de la vie moderne. Et c'est bien normal, car la vie à bord apparaît bien plus domestique et casanière qu'il n'y paraît, et toutes ces œuvres mortes que représentent la masse du bateau et sa cargaison, on les oublie à peu près dans l'heure où on monte à bord, de sorte qu'il faudrait remplacer la fiche technique du bateau par une série de données, disons, plus personnelles, comme aussi bien le nombre de nuits à bord (13) ou bien le nombre de repas pris sur le navire (36), mais aussi le nombre de marches pour atteindre la cabine passager depuis le pont supérieur (96), le nombre de kilomètres effectués sur le vélo de la salle de sport (190), le nombre de pages écrites (14), le nombre de pages lues (620), le nombre de fuseaux horaires traversés (10) et alors, en conséquence, le nombre d'heures qu'on aura passées à essayer de calculer l'heure qu'il est en France à la même heure, en avance ou en retard, en matin ou en soir selon qu'on a franchi ou non la ligne de changement de date.

Car cela, malgré une gymnastique mentale quotidienne, est toujours aussi difficile à concevoir : que donc on fut d'abord en retard de 12 heures sur l'heure française puis d'un coup, hop, en avance d'autant, seulement en rayant un jour sur le calendrier, ce qui bien sûr est tout à fait logique, mais encore faut-il à chaque fois se le reformuler si l'on veut en toucher du doigt l'évidence, comme par exemple, voilà, c'est très simple : à chaque changement d'heure, nous reculons nos montres d'une heure et donc nous faisons une journée de 25 heures et donc en faisant le tour de la Terre, eh bien, forcément, nous en ferons 24, des journées de 25 heures et alors, donc, ce sont ces 24 heures, quoique réparties pour nous sur plusieurs mois, qu'il faut bien que nous redonnions au temps universel, par exemple en changeant de date au milieu du Pacifique et laissant ainsi une journée entière s'évanouir dans la nature – ce qui me fait penser qu'on pourrait très bien faire toute l'année des journées de 25 heures, ce qui serait bien agréable pour avoir le temps de faire tout ce qu'on a à faire, et alors il suffirait de redonner, en moyenne, une journée tous les 24 jours, soit environ 15 jours dans l'année, du moins si on tient absolument à rééquilibrer l'ensemble. Il suffirait par exemple que le mois de février n'ait que 13 jours au lieu de 28, éventuellement 14 les années bissextiles et je suis sûr que tout le monde serait moins tendu, sans parler du fait que les années étant plus courtes, les anniversaires forcément plus rapprochés, l'espérance de vie augmenterait, d'après mes calculs, d'environ trois ans.

Je me suis promis de repenser posément à tout ça quand je serai rentré en France, car après tout, même si je ne crois pas que dans la marine marchande du XVIIe il relevait de l'écrivain de spéculer ainsi, c'est cependant une plus ancienne définition encore de ce même métier que de s'aventurer sur des pistes inexplorées, car enfin, si l'on s'en tient à la définition d'Aristote, l'écrivain, contrairement à l'historien, n'a pas à peindre les choses telles qu'elles sont mais telles qu'elles pourraient être.

Cargo 2.2

Parmi les différences notables entre le *Puget* et le *Tigris*, il y a aussi la visite guidée du navire, qu'assure pour nous Hideki Fujishige, le jeune *third officer* philippin à moitié japonais. Nous voilà pour l'occasion affublés de combinaisons bleues CMA-CGM, de casques et de gants. Hideki nous affirme que, quoique empilés sur une dizaine de niveaux (visibles, car il y en a autant au-dessous), les containers sont solidement arrimés et ne peuvent basculer, même en cas de forte tempête – jusqu'à une inclinaison de 25 degrés, en tout cas.

Je lui raconte alors une histoire de canards. Pino Cacucci mentionne l'anecdote dans *Ce que savent les baleines*, et Marcel Cohen aussi, je crois, sans doute dans ses *Faits*. En janvier 1992, un porte-containers chinois reliant Hong-Kong aux

États-Unis s'est trouvé pris dans une tempête, dont la puissance avait probablement été sous-évaluée. Il faut croire que l'inclinaison du navire était supérieure à 25 degrés, car trois containers tombèrent à l'eau et s'ouvrirent sous la violence du choc. Je ne saisis pas très bien pourquoi il n'y en eut que trois ; peut-être ceux-là étaient-ils, justement, mal arrimés, et cela explique qu'ils n'en aient pas entraîné d'autres à leur suite. Toujours est-il que trente mille canards en plastique furent ainsi libérés, flottant allègrement sur le Pacifique, jaunes et souriants comme celui que j'aimais beaucoup et rechignais à prêter à mon cousin Philippe quand nous avions deux ans lui et moi. Un océanographe lança un appel pour qu'ils soient signalés par quiconque en apercevrait un ou plusieurs spécimens, afin qu'on puisse les localiser et étudier les courants marins. Avançant à raison d'un mille par jour environ, quelques-uns ont dérivé vers le sud, d'autres vers le nord et le détroit de Behring, et quelques-uns ont même atteint les côtes anglaises, via le cap Horn. L'entreprise qui aurait dû les réceptionner proposa cent dollars pour chaque caneton qui serait récupéré et leur serait remis. Les collectionneurs s'en sont mêlés, et une folie spéculative a commencé, faisant monter le prix de ces jouets à 700 $ pièce. J'ai demandé à Hideki s'il avait entendu parler de l'histoire, et s'il avait vu flotter des canetons jaunes. Il s'est contenté de hocher négativement la tête en souriant. En 1992, de toute façon, il n'était même pas né.

*

À force de reculer les pendules et de bénéficier ainsi de journées de 25 heures, nous devrions bientôt – pour ne pas dire *enfin* –, en toute logique, voyager dans le temps. Dix heures d'écart avec l'Europe hier, onze aujourd'hui, douze après-demain. En poursuivant ce petit jeu, nous pourrions avoir reculé d'une journée entière, et nous retrouver, à l'arrivée, la veille du jour qui serait effectivement affiché sur les horloges. Mais hélas le voyage dans le temps n'est pas pour aujourd'hui, ni même pour la semaine prochaine : dans quatre jours, nous franchirons la ligne de changement de date et, en même temps que nous reculerons d'une heure supplémentaire, nous avancerons d'une journée entière, si bien que nous passerons directement du 21 au 23 mai. Et la journée du 22 aura pour nous disparu dans les limbes. Cela ne vaut pas un voyage dans le temps, mais c'est tout de même intéressant : comme une espèce de trou de ver temporel qui coudrait l'une à l'autre deux journées ordinairement séparées par une troisième. Qu'aurions-nous pu faire ce jour-là que nous n'aurons pas fait ? Ou plutôt : qu'aurons-nous fait ce jour-là que nous aurons oublié, qui n'aura été consigné nulle part et aura fini par sombrer dans le calendrier ?

*

Les océans se suivent et ne se ressemblent pas toujours. Notre expérience est minime, certes, et tributaire de météos pas forcément représentatives, mais il nous semble que celui-ci, le pour l'instant bien-nommé Pacifique, bouge moins, est parcouru de moins de vents, riche de moins de couleurs, de moins de formes de vagues, que son cousin atlantique. Il est, en somme, plus monotone, ce qui n'est pas peu dire. Il semble même, c'est curieux, plus *massif*, du fait même de cette imperturbabilité. Il pourrait être plus hypnotique si nous le voyions plus souvent. Mais il est invisible depuis la salle de sport où nous avions l'habitude, sur l'autre navire, de pédaler ou courir en l'ayant face à nous. Invisible depuis le mess où Archie nous sert à table sans se départir de son large sourire. Invisible ou presque depuis nos cabines, où il nous faut nous pencher pour l'apercevoir, à droite et à gauche du haut mur de containers qui bouche la vue. Et nous n'avons pas le droit, ici, d'arpenter à notre guise les coursives pour nous rendre à l'avant du bateau en le laissant glisser à nos côtés, puis s'installer grand ouvert devant nous, dans le silence solennel du grand large. Il nous reste donc à aller prendre le frais de temps à autre sur le pont, ou à monter jusqu'à la passerelle discuter avec Hideki ou Cyrinne, et contempler face à nous la large nappe, grise ou bleue, sans reliefs ou presque, de l'immense, de l'impassible Pacifique.

*

La ligne de fond de mes lectures, depuis le début du voyage, la musique souterraine (la petite phrase si on veut), c'est la *Recherche*. Je ne dirais pas que je relis Proust : d'abord parce que ce serait cuistre, et surtout parce que ce serait faux, vu que je n'ai jamais lu la *Recherche* en entier. Néanmoins, j'ai tout repris du début. J'avance lentement : j'arrive à peine en vue des rives de Guermantes. Je lis ça surtout le soir, sur ma liseuse. Proust, c'est le doudou du soir. Le vieux tee-shirt qu'on enfile avant de se coucher, et dans lequel on se sent bien. Swann, Combray, les Verdurin, l'hôtel de Balbec, Saint-Loup, Charlus, Mme de Villeparisis, voilà qui peut sembler très éloigné de l'expérience qui est la nôtre pendant ce voyage. Encore que. La *Recherche*, après tout, est bien une sorte de tour du monde – le tour d'un monde révolu. C'est aussi une grande traversée, du temps plus que de l'espace, bien sûr, mais même si on ne comprend pas très bien ce que cela veut dire, on sait depuis Einstein que l'un peut se changer en l'autre, et vice versa, par exemple aux abords d'un trou noir – comme celui dans lequel s'est évanouie la journée entre hier et aujourd'hui : pendant la nuit nous sommes passés directement du 21 au 23 mai.

*

Dernières nouvelles des oiseaux. Trois hirondelles et cinq tourterelles nous avaient accompagnés pendant les premiers jours de la traversée atlantique. Puis, un peu après les Açores, elles avaient disparu. Une semaine plus tard, alors que nous approchions de New York, les trois hirondelles volaient et plongeaient à nouveau autour du navire, s'engouffrant entre passerelles et containers. Sans doute avaient-elles trouvé un lieu où s'abriter et attendre patiemment une semaine entière que revienne un air porteur des senteurs de la terre. Je m'étais demandé ce qu'il allait advenir d'elles ensuite : leurs itinéraires migratoires reliaient l'Afrique à l'Europe, or elles allaient soudain se retrouver en Amérique du Nord. Comment regagneraient-elles l'Afrique à l'automne ? Puis j'avais réalisé qu'elles ne quitteraient probablement pas le *Puget*, sur lequel elles avaient niché, et rentreraient en Europe avec lui quelques jours plus tard.

(Des tourterelles, en revanche, nous n'avions plus eu de nouvelles.)

Le *Tigris* lui aussi a ses passagers clandestins : un couple de pétrels, corps blancs, ailes et queues noires, qui tous les jours rasent la crête des vagues de la pointe recourbée de leurs longues ailes, traçant de grands zigzags à la recherche de proies. Avant-hier, au moment où nous croisions un navire (gazier, semblait-il), ils étaient même six. Le gazier transportait avec lui les quatre autres. Lorsqu'il s'est éloigné, les pétrels surnuméraires ont disparu avec lui. Ce matin, c'est la présence d'un navire de pêche à moins de deux milles qui donna lieu à un grand rassemblement de pétrels, voletant par dizaines à la surface des eaux, s'y posant, s'y mêlant, échangeant peut-être de mystérieuses informations sur les courants marins, les poissons qui affleurent, les orques du dessous.

*

Il a suffi d'un rien, un soleil aujourd'hui printanier, le souffle d'une baleine au loin, sa plongée verticale, nageoire caudale dressée et glissant sans un bruit, plus tard quelques dauphins rapides, plus tard encore un troupeau d'orques en chasse, puis un navire de pêche japonais croisé loin de ses côtes, un colloque d'oiseaux, et c'est la vie qui soudain déboulait, un pays tout entier qui s'annonçait ainsi. Alors, à un siècle d'écart, un petit moustachu aux yeux clairs prit en moi le relais, présence familière d'un que je n'ai pas connu, bisaïeul commandant de navires ayant souvent fait escale à Shanghai ou à Yokohama, et renouant à travers moi avec ce qui, pour quelques décennies, avait été sa vie.

Japon

Le pire des livres

N'était sur un cargo, le temps manque en voyage pour écrire sérieusement. Et la formule s'y trouve souvent vérifiée qui dit qu'écrire ou vivre, il faut choisir. Même quand on rêve, comme il m'arrive quelquefois, de faire se recouvrer les deux verbes, en réalité ils ne font que succéder l'un l'autre, à plus ou moins grands intervalles. Encore nous faut-il respecter l'ordre biologique des choses, c'est-à-dire d'abord les vivre, ensuite les écrire. Toute littérature s'écrit au passé.

Et si d'aventure on cherche à contourner cette loi, tout ce qu'on peut faire au préalable, c'est lire des choses sur ce qu'on va vivre. Ainsi dans le cargo qui traversait le Pacifique, où j'ai respecté le programme de lecture que je m'étais fixé, et lu un grand classique de l'ethnologie du Japon : *Le Chrysanthème et le Sabre* de Ruth Benedict. Le livre est célèbre pour deux raisons : d'abord parce que c'est une formidable étude culturelle sur la société japonaise, sur ses mœurs et ses assises historiques, ensuite parce qu'il fut écrit par une Américaine qui n'a jamais mis les pieds au Japon.

Le livre est une commande du ministère américain de la Guerre, en 1945, pour essayer de comprendre, après la capitulation japonaise, les étranges réactions et comportements des vaincus, avec lesquels les Américains allaient en quelque sorte cohabiter de longues années. C'est par là-même une étude comparative d'avec les mœurs américaines, au risque d'y forcer quelquefois les contrastes. Ainsi tout s'y polarise volontiers entre la structure supposée hiérarchique du monde japonais et l'égalité, supposée elle aussi, de la démocratie américaine. Ainsi tout oppose la diligence et le souci permanent d'autrui qu'exigent les règles de la dignité nippone et les valeurs individualistes du libéralisme occidental. Soixante-dix ans après sa parution, ce livre est encore âprement commenté, en quoi il doit avoir touché des points sensibles. Le fait est qu'à le lire, l'âme japonaise semble prise dans un étroit corset. Même, à force d'exemples éloquents quant au sacrifice de soi, quant à l'amour du pays ou bien aux délicates obligations familiales, et tandis que le cargo s'approchait à grands pas des côtes japonaises, le Japon m'intimidait de plus en plus et sans doute, entrer dans le port de Yokohama avec ces seules pages pour viatique, l'œil tout inquiet de ce savoir, n'était pas le moyen le plus contemplatif de débarquer.

Mais je sais qu'il vaut mieux cela, un vrai livre avec ses partis pris et ses focales déformantes, plutôt que la légende collective qu'on subit de toute façon. Pour ma part, je sais qu'avant Ruth Benedict, en pourvoyeur de légendes il y avait le pire des livres : il y avait la télévision de mon enfance.

Toujours il faut un coupable à nos propres erreurs, nos représentations si grossières dont le réel, comme un miroir tendu vers nous, avive notre honte. La télévision est ce coupable. Ainsi, concernant le Japon, il y a eu toutes ces vues accumulées par un enfant des années 80 quand, dans l'essor sans conscience des images mondiales, on envoyait le même journaliste chaque année au salon de la robotique pour nous expliquer que le Japon, c'était cela, des usines disciplinaires où on fabriquait notre avenir électronique, quand pour seuls plans de coupe entre deux jeux vidéo, on pouvait voir ces foules inexpressives dans les rues de Tokyo et ses métros bondés, le cameraman choisissant avec soin les quelques rues de Shinjuku qui semblaient appartenir à cette dystopie futuriste dont Tokyo était le symbole – car pour en avoir l'image opposée, pour diffuser la légende de l'autre Japon, pétri de raffinement et d'ancestralité, il fallait attendre l'éternel autre marronnier du pays, qui en l'occurrence était un cerisier, celui que le même cameraman filmait chaque printemps dans la ville sœur et symétrique de Kyoto, laissant deviner là, dans l'épaisseur blanche et rose des fleurs, l'autre face de Janus, faite de thé vert et de kimonos, de jardins zen et de geishas, de sorte qu'à la fin, le Japon était éternellement pris, concluait le reportage, « entre tradition et modernité ».

Ce serait inutile de faire un procès tardif à tous ceux-là qui, il y a trente ou quarante ans, furent pris dans l'énergie du spectaculaire, peinant à voir le monde autrement que comme un grand phénomène de foire qu'on venait présenter, via la télévision, aux masses et aux enfants. Sans doute avant cela, d'autres images, plus figées encore, remplissaient les consciences. Ce serait inutile aussi d'affirmer que ces images sont fausses. Il y a bien des jardins zen à Kyoto et des rues bondées à Tokyo. Des filles en kimonos dans chaque rue de la première et des carrefours où se croisent les foules dans la seconde. Il y a bien d'antiques paravents laqués dans l'une et des vitrines high tech dans l'autre. En cela, il faut dire, tous les reportages du monde ont pour eux l'attestation de ce qu'ils avancent. Ils ne mentent jamais que par omission, faisant glisser sur le devant de la scène ce qui, dans la complexité du réel, ne se trouve être qu'une pièce du puzzle. Au fond, ils ne font qu'user et abuser d'une bonne vieille figure de rhétorique, celle qu'on appelle la synecdoque, consistant, par omission toujours, à faire passer la partie pour le tout.

En littérature, il arrive que la synecdoque fasse mouche et que même, par son régime d'élection, elle dise plus et mieux qu'une simple description. Mais en matière d'information, la rhétorique exige d'être maniée avec précaution. C'est cette précaution que n'a jamais su prendre la télévision, ou alors en un temps que je n'ai pas connu, de sorte que toutes ces représentations enfantines, leur médiocrité coulée dans le diptyque « walkman et kimono », étaient encore actives sur la passerelle du cargo, en voyant se découper dans le ciel du matin la skyline de Yokohama, au loin celle de Tokyo, comme si j'allais entrer là, non dans un pays véritable, mais dans une contrée lointaine de mon propre imaginaire.

Je ne sais si aucune figure de rhétorique a jamais convenu à la description d'aucun pays mais au Japon, je suis sûr désormais que la synecdoque ne convient pas. Paris est plus facilement réductible à sa tour Eiffel que Tokyo à ses foules technologiques et il suffit même de sortir de la gare pour être saisi de cet étrange calme qui baigne la plupart des rues où s'avancent silencieusement des voitures hybrides au milieu d'un habitat presque anarchique. Là, devant l'enchevêtrement des arbres et des façades, des étonnants silences et des trains qui le tranchent, ce serait peut-être en pratiquant d'autres figures de style, en pratiquant, je ne sais pas, l'oxymore ou bien l'hypallage[1], qu'on parviendrait à dire quelque chose. La seconde surtout nous aiderait à décrire une confusion des sens, celle qui voudrait évoquer une complexité inverse à la réduction métonymique. Par exemple, on pourrait dire à Tokyo : la tristesse métallique des pachinkos, on pourrait dire aussi le murmure arboré de Meiji Jingu, on pourrait dire les maisons silencieuses de Nakano et les rues acidulées d'Harajuku. On pourrait dire les poissons vitrifiés des étals et les promesses électriques de Kibucho.

Supériorité du cinéma sur la télévision : ce qui est apparu comme si vrai au sortir du port

1. L'hypallage est une figure de style consistant à déplacer une épithète sur le nom voisin que celui logiquement attribué. Par exemple, chez Proust : « le tintement doré de la clochette ».

de Yokohama, dans les premières rues de la ville et dans le train de banlieue qui nous emmenait à Tokyo, ce sont les images des films de Kyoshi Kurozawa, de Imamura ou de Kore-Eda. Parce que ces films-là injectent dans leurs deux heures de fiction plus de réalité que la télévision n'en montre en toute une année, et qu'alors tous les signes émergeant de la ville, les Toyota cubiques et les passages à niveaux, l'abondance des fils électriques et les distributeurs de boissons, les bermudas bleus des enfants et les feuilles des érables, convergeaient vers une sorte de tableau japonais que certains films avaient déjà réussi à suggérer.

Supériorité du cinéma sur la réalité : toutes les tensions et structures qui organisent la vie japonaise, telles que théorisées et dépliées dans le livre de Ruth Benedict, je crois que certains films, aussi bien de samouraïs que néo-réalistes, me les avaient fait pressentir, tandis que la seule perception de la ville, au fil des longues promenades faites entre les immeubles, les effacerait plutôt.

Là, par les vitres du métro aérien qui fait traverser Tokyo d'est en ouest, devant l'incessante diversité des mondes qui s'enchaînent et des constructions qui s'étendent sur des dizaines de kilomètres, il y aurait même une sorte de démenti à ce qu'on croit savoir de cette rigueur et de cet ordre japonais, soudain bien cachés derrière la liberté folle de l'urbanisme. À Tokyo particulièrement, il y aurait comme un paradoxe du cadastre, qui fait se confondre et s'enchâsser tous les matériaux et tous les registres, à l'inverse de ce qu'on peut lire, chez Ruth Benedict ou ailleurs, de l'étanchéité des classes sociales. Preuve de l'absurdité des inférences trop rapides : si l'on s'en tenait au désordre apparent de l'habitat, on penserait que le Japon est le pays de la pure démocratie, sans centre ni marquage, capable de faire se mêler dans une merveilleuse mixité toutes les formes, tous les matériaux et peut-être alors tous les Japonais. Mais il advient que l'affaire est plus circonstancielle : l'urbanisme de Tokyo relève simplement de sa complète démolition par les Américains, et de traces de la vieille ville, il n'y a qu'au musée d'Edo, de l'ancien nom qui lui donna naissance, qu'on puisse vraiment prendre la mesure. C'est peut-être pour cela que Tokyo fait penser à Berlin, même étendue plane qui fut un jour arasée et dont le lourd passé est enseveli dans le silence des sous-sols, même ligne de métro aérien qui tourne autour de la ville en y distribuant ses habitants, même illisibilité de prime abord et pour cause : elles ne portent pas, comme Paris ou Rome, leur mémoire dans leurs murs. Mais peut-être qu'à l'inverse, à Tokyo comme à Berlin, la reconstruction elle-même ne fut pas que matérielle, et qu'alors cet urbanisme un peu fou, infléchissant les analyses un peu datées de Ruth Benedict, dit quelque chose des manières d'aujourd'hui, du pluriel qui s'installe au fil du temps, coûte que coûte. Mais je touche ici la limite de mon savoir, autant que celle de notre voyage, car au moment où commencerait l'enquête, nous sommes déjà loin de Tokyo.

Origami

Au Japon, c'est étrange, j'ai oublié que nous étions en train de faire un tour du monde. C'était la première fois depuis notre départ. Sur les cargos, aucun risque : nous avancions linéairement, cap à l'ouest, en pleine conscience de notre position à la surface du globe et du tour que nous en effectuions, jour après jour le long d'un océan grand ouvert que nous parcourions le moins erratiquement du monde, selon une ligne tracée à l'avance qu'il nous était impossible de modifier. L'ouest nous aimantait, l'infini nous entourait, mais le chemin restait balisé : l'errance était impossible.

À cet égard, nos références littéraires, pendant ces traversées, étaient davantage à chercher du côté des remonteurs de fleuves, prisonniers de la linéarité de leur itinéraire, que des grandes épopées maritimes – et ce en dépit de l'espace identique sur lequel nous avancions. Achab poursuit Moby Dick, peu importe où celui-ci l'attire (vers la mort, on le sait, et du côté des îles Gilbert au nord desquelles nous sommes passés), et peu en importe le chemin ; Ulysse cherche à rejoindre Ithaque et met dix ans à y parvenir, sautant d'île en rivage sans décider grand-chose. Dans les deux cas les imprévus, les contretemps, les pauses, les modifications d'itinéraires surviennent. L'errance est le moteur du livre. Nous, nous étions plutôt comme Charles Marlowe dans *Au cœur des ténèbres* de Conrad, ou Maqroll El Gaviero dans *La Neige de l'amiral*, d'Alvaro Mutis, qui l'un et l'autre s'enlisent dans la lente remontée d'un fleuve au point que le temps finit par se dissoudre en un magma indifférencié : il ne s'agissait pas d'une errance totale, « ouverte » si l'on veut, mais d'une errance « fermée », étroitement déterminée, pour eux, par la configuration du fleuve – pour nous, par les lignes maritimes que suivaient les navires. Une fausse errance en fait, dont il est impossible de s'échapper. Dans ce type d'avancée, il ne s'agit plus de découverte, mais de répétitivité, qui entraîne le repli, et la méditation. Plus uniquement de compréhension du monde, mais aussi de révélation, de découverte de soi. C'étaient ces espaces-là que, sur les océans immenses, nous arpentions du dedans – et ce subtil équilibre-là que nous nous expérimentions, l'un et l'autre, pendant nos traversées maritimes.

L'autre traversée, terrestre, celle du territoire américain, aurait pu se prêter davantage à l'errance. Mais là encore l'urgence de l'ouest nous poussait à la roue – d'autant plus que le temps nous pressait : pour sauter d'un cargo à l'autre, il fallait joindre les deux rives en un temps déterminé. L'espace américain, il en a déjà un peu été question ici, est perçu à juste titre comme très vaste, mais une bonne partie se trouve comme annihilée par notre incapacité à se la représenter : on sait qu'il y a cinq mille kilomètres d'une rive à l'autre, des plaines à n'en plus finir, des vaches, du maïs, du blé, d'interminables lignes droites et des électeurs de Trump, mais l'espace qui s'y déploie n'a, le plus souvent, que peu marqué notre imaginaire, et encore moins provoqué notre désir. Beaucoup passent de la côte est à la côte ouest, les deux seuls lieux qui vaillent, et survolent le reste – au sens propre : en avion. Nous, non : nous avons traversé ces lieux monotones et plats, roulé plein ouest sans jamais faillir, et sans nous autoriser la moindre errance – juste, sur le chemin, quelques parcs et déserts, une balade ou deux, un lac, quelques amis à voir. Mais tout cela circonscrit dans la logique de la traversée plein ouest d'un espace horizontal. Sur les mers, sur la terre, la planète s'arpentait consciemment, et toujours dans la même direction.

Et puis il y eut le Japon. Depuis ma première visite dans ce pays je le sais : si minuscule qu'il semble être, le Japon est un pays immense, froissé, replié sur lui-même. Il faut le parcourir en tous sens pour parvenir, parfois, à le faire s'ouvrir un peu et révéler ses profondeurs et ses recoins.

La géographie, bien sûr, y est pour beaucoup : la montagne est omniprésente et abrupte, qui dissimule dans ses plis vallées et villages, sentiers et torrents sur lesquels on débouche par surprise au détour d'un virage, alors que nous étions enfermés dans le vert vif d'une forêt humide qui bouchait le regard. Il semble qu'il n'y ait guère d'autre alternative, ici, que plaines surpeuplées ou montagnes impénétrables, d'une folle densité végétale. Mais dans les unes comme dans les autres il est identiquement possible de s'égarer et d'avoir le sentiment d'avoir changé de monde, d'être soudain passé de la lumière à l'ombre, de la vitesse à l'immobilité, ou de l'endroit à l'envers. Partout dans les grandes villes sont aménagées d'inattendues poches de silence et de repli, à deux pas des artères surpeuplées, dans de paisibles ruelles où la petite vie de quartier suit son cours, lentement, loin des agitations urbaines. Le devant et le derrière, la façade et l'arrière-cour, l'artère pressée et la ruelle calme, l'affiché et le tu, le rôle social que l'on tient avec conviction et l'intimité que l'on dissimule avec pudeur, l'autorisé et le proscrit, tout semble se répartir selon une logique binaire du dehors et du dedans, du révélé et de l'enfoui. Rien de plus délicieux que ces ruelles qui grouillent d'une petite vie silencieuse chichement déposée là, à deux pas des foules d'Harukuju ou de Ueno. Le Japon est un pays où chaque montagne, chaque village, chaque quartier de chaque ville, renferme un arrière-monde invisible, non dévoilé, susceptible de se déplier. C'est le pays le plus dense et le plus calme qui soit. Le plus urbain et le plus vert.

Le plus déroutant aussi, tant il est difficile de ne pas s'y perdre tôt ou tard. Pour commencer, les plans des villes et quartiers ne sont pas orientés comme les nôtres : le haut n'indique pas le nord, mais la direction qui se trouve devant vous – ce qui, en fait, est assez logique. Ensuite il faut compter avec les non-explications d'un peuple toujours empressé de vous renseigner mais qui ne parle quasiment pas anglais. Pour peu que vous-même ne parliez pas davantage japonais, il devient difficile de s'entendre. Et puis il y a le pur incompréhensible. Vouloir trouver, dans un village de montagne par exemple, un petit restaurant indiqué, plan à l'appui et sourire indéfectible, par, mettons, un très aimable propriétaire de ryôkan, risque de vous entraîner dans d'infinies conjectures. Le plan pourtant est tout simple : vous sortez du ryôkan, et c'est deux minutes à droite. Eh bien non. Ou alors ce serait à gauche ? Non plus. À plus de deux minutes peut-être. Douze, vingt ? Non. C'est peut-être ici, ou alors là. Ou nulle part. C'est comme le grain de beauté d'Albertine : sur la joue, sur le menton, près de la lèvre supérieure, à la base du nez ? Marcel ne sait plus. Le restaurant de sushis, au cœur de la montagne, avait-il soudainement disparu, ou changé de place ? Nous n'en savions rien, et l'avions déjà baptisé « Albertine a des sushis », lorsqu'il réapparut le lendemain matin, sous la forme d'une maison banale, sans le moindre signe extérieur qui eût pu nous laisser deviner sa fonction.

Mais le plus facile, pour se perdre, est de décider d'arpenter le pays de manière vaguement erratique. Mettons que vous soyez à Matsumoto, au pied des Alpes japonaises, et que vous y louiez une voiture pour découvrir la région à votre aise. Il ne faut surtout pas imaginer parcourir la grosse centaine de kilomètres qui vous sépare de, mettons, Takayama, en une heure, ni deux, ni trois. Ni même quatre, pour peu que vous ayez renoncé aux itinéraires des cartes et décidé d'emprunter les petites routes de montagne. Ce serait compter, d'abord, sans le trafic toujours dense partout ailleurs que sur ces minuscules routes, auxquelles il faut bien arriver, et qui parfois se révèlent être tout bonnement fermées, ce qui vous oblige à revenir sur vos pas pour récupérer une autre route à des dizaines de kilomètres de là pour pouvoir contourner la montagne, à présent inaccessible, qui se dressait devant vous. Ce serait surtout compter sans les tours et détours sinueux de ces mêmes routes qui, lorsqu'elles ne sont pas fermées, n'en finissent plus de monter, descendre, remonter, redescendre, pour finalement vous perdre entre des rangées d'arbres millénaires, une série de sanctuaires disséminés à flanc de collines où de paisibles Inari montent la garde, oreilles dressées dans un silence assourdissant, et des étendues d'antiques cimetières qui parsèment les flancs de la montagne que vous êtes en train de gravir – et qui, vous l'ignoriez, se trouve être sacrée.

Vous pénétrez alors dans un autre monde qui vous engloutit dans une bulle de vert humide, où les distances s'allongent démesurément tandis que les routes se rétrécissent et s'agitent sous les roues de votre minuscule Nissan, vous vous enfoncez entre des arbres gigantesques et des cascades invisibles, en vous disant qu'entre ces arbres et ces cascades doit se déployer tout un monde de vallées minuscules et cachées, parsemées de masures en bois sombre coiffées de toits de chaume, d'animaux mythiques des contes de Miyazaki et d'histoires villageoises ancrées là depuis des siècles. Les virages n'en finissent plus, il n'est plus question d'ouest ni d'est, mais d'essayer d'émerger enfin de ce bel et inquiétant océan vert qui vous remue en tous sens. Et lorsque, une éternité plus tard, vous débouchez enfin sur une route un peu plus large, un peu moins tordue, qui semble pouvoir vous mener à l'endroit que vous avez choisi, vous vous rendez compte que la journée est terminée, que la nuit approche, et que vous avez mis plus de six heures à parcourir deux cents kilomètres. Comme si la géographie n'était pas faite que d'espace, mais aussi de temps – n'était pas seulement horizontale mais aussi verticale, constituée d'espaces imbriqués les uns dans les autres.

Au fond, depuis notre arrivée au Japon, que ce soit dans le foisonnement des lignes de métro tokyoïtes, la profusion végétale et labyrinthique des montagnes, les impasses et les demi-tours auxquels les routes nous obligeaient, ou l'invisibilité (à nos yeux) momentanée des lieux, nous n'avions fait que tourner en rond. Ce qui résultait de tout cela, c'était une sérieuse perte de repères – au demeurant pas désagréable. C'était surtout que les longues traversées plein ouest en voiture ou bateau, cap sur le soleil couchant, circumnavigation en tête, s'étaient bel et bien volatilisées dans les sortilèges du Japon, les aller-retour entre l'est et l'ouest, le nord et le sud, l'horizontal et le vertical, les arrière-mondes ménagés au cœur de ses villes, les sinuosités de ses routes, le dédale de ses forêts et les multiples origamis de sa géographie.

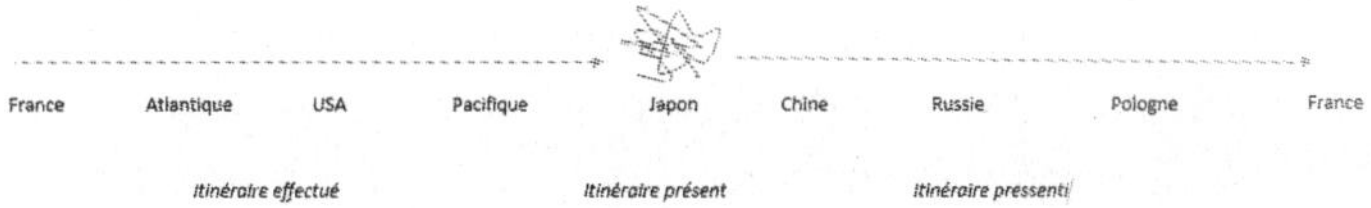

La vie vivante

Le territoire américain fabriquait le poème dans le mouvement de la route, dans le lent défilé qui n'en finit jamais d'asphalte et de roches rouges, dans le glissé métamorphique de ses paysages, appelant de ses vœux cette langue théogonique qui circule dans les légendes indiennes comme dans les hymnes de Walt Whitman – quelque chose d'originel et de gigantesque, d'astral et de tellurique, quelque chose qui sans cesse hésite quant au contrat qui le lie à la nature, entre symbiose et démesure. Le Japon, c'est différent. Le Japon ne promet pas les déserts ni les immensités. Le Japon a signé un pacte clair avec son territoire et se ressemble à peu près partout : archipel de moyennes montagnes qui tombent dans la mer et ménagent quelques larges plaines et rivages urbanisés, loin du grand spectacle et de la variété, au point que, passé la curiosité des premiers regards, on peut serpenter dans le silence de ses vallées, lever les yeux sur les versants densément arborés de ses montagnes sans que le poème s'active – endormi, semble-t-il, sous la végétation, ouaté par sa discrète luxuriance. Rien ici ne crie son exotisme, rien n'exhibe bruyamment son charme, et la pensée du voyageur finit par se laisser bercer ainsi, au gré de cette sobriété presque répétitive qu'on observe des fenêtres des Shinkansen qui traversent l'île du nord au sud.

Pourtant, quiconque vient de passer plusieurs jours dans ce pays le sait déjà : il y aura un moment où naîtra l'émotion. Il y aura un moment où se découvrira la grâce des lieux, comme dans ces endroits que les Japonais appellent leurs « vues », sites plus ou moins célèbres où le panorama enfin prodigue ses largesses, sorte de point focal depuis lequel éprouver l'harmonie naturelle du monde : Amanohashidate, Miyajima, Matsushima. Mais en réalité, il suffira d'un lac dans le matin brumeux, d'un pont rouge sur une rivière, il suffira d'une lumière tranchante sur les feuilles d'un érable, et le cœur se soulèvera. Car le Japon est ainsi : il fabrique ses intensités par touches et ravissements soudains, à l'image de ces maîtres zen qu'on voit dans certains films, si placides, si indifférents et qui soudain se révèlent plus vifs que tous leurs contempteurs.

À cela, on pourrait objecter qu'il n'y a pas besoin de venir au Japon pour éprouver ce sentiment. Les matins brumeux existent aussi sur les bords de la Loire et après tout, c'est vrai, aucun pays n'a le monopole du sensible. Mais le Japon a cela de particulier qu'il a décidé de ne pas laisser au seul hasard le soin de ces intensités. Les Japonais sont très forts pour activer ces états, en créer les situations, comme si, faute de pouvoir se maintenir dans cette théophanie permanente, ils essayaient d'en paramétrer au maximum les conditions. C'est à cela peut-être qu'on leur doit l'art des fleurs et celui des jardins, l'art du confort en général, le souci du détail bien sûr et la célébration de chaque instant – de l'importance d'une ombre dans un jardin zen à celle d'une tasse de thé, toute chose élevée au rang d'une liturgie méticuleuse, merveilleuse ergonomie de la vie quotidienne qui soudain suspend son vol, ouvre ses plages de calme et de sérénité. Le cœur s'épanouit volontiers quand le souci s'éloigne. Or justement, les Japonais, si j'ose la généralité, sont un peuple soucieux, chargé d'obligations et de responsabilités, alors peut-être, à proportion de ce souci, ils ménagent à l'intérieur de leurs rudes journées mille espaces d'agrément d'où pourra naître le poème. Et dans le mot poème cette fois, il convient de déposer tous les tressaillements de la perception. Car le Japon, à mes yeux encore neufs, est d'abord cela, une école de la perception, un apprentissage de l'infra-mince, de quand l'état de grâce ne se réserve pas à une stase de l'esprit mais se distribue généreusement, s'atomise même, dans la trame des jours.

Ainsi vont les intermittences de l'âme en terre nipponne, de la rigueur enchemisée des devoirs quotidiens aux vertiges d'une vie qui sait s'ouvrir à sa propre vue et qui, dans le tressaillement qu'elle provoque, semble se savoir elle-même vivante – et il faut bien cela de redondance, cette « vie vivante », pour que je la voie quant à moi apparaître dans la phrase, tant elle semble sans cesse lui échapper, rester en arrière d'elle dans la déception du langage, et je ne saurais pas dire tous ces *satoris* que le Japon a permis.

Mais sur ce point encore, les Japonais sont moins timorés quand, à l'encontre de leur pudeur apparente, ils ne craignent pas quant à eux de partager poétiquement leurs sentiments : l'émotion, la beauté, la vie vivante donc, le haïku a choisi de les y faire tenir à sa manière, dans ce curieux équilibre de minutie nominale et d'artifice métrique, de clarté et de distance, par quoi il semble tout à la fois créer, capter et admirer ce phénomène émotif (et qui n'est peut-être rien d'autre, à bien y penser, que le mariage toujours détonnant d'une conscience et d'un monde).

Notre hôte et vieil ami de Christian, l'écrivain francophone Akira Mizubayashi, essayait de nous expliquer qu'il manquait certains mots en français pour bien traduire un haïku : ainsi de la particule *ya* qui marque l'émotion, la surprise, le ravissement. Nous ramenons quant à nous le haïku à la captation du réel, au degré zéro de l'image et du cadrage, mais nous peinons à lui redonner sa profondeur sensible. Même les belles pages que Roland Barthes lui a consacrées ne font pas grand cas de la charge émotive qui le constitue. Barthes présuppose-t-il qu'il va de soi que poésie et émotion ont partie liée ? Ou bien ce qui l'intéresse est ailleurs, dans ce souci obsessif d'embrassement du réel dont le haïku serait le premier barreau d'une longue échelle ? En tout cas, il y a, comme Barthes le concède volontiers, sa torsion à lui du haïku. Mettons qu'ici il y ait aussi la mienne : celle de le réserver à ces éclairs d'intensité, ces instants de légère extase qui ont l'air de nous arracher à notre mortalité. Ainsi par exemple, trois instants parmi d'autres :

Travelling

quand le torii
les pieds dans l'eau
la mer comme un lac inoffensif

feuilles lumineuses
d'un érable au pavillon d'or
mille nuances de vert

à vélo dans la pinède
les rayons du soleil
sur la mer argentée

Repos et tombolo

Je ne peux pas demander aux lecteurs de ces lignes d'avoir lu mes livres précédents, mais je ne peux pas non plus faire comme si je n'avais pas déjà écrit un livre entier sur le Japon, avec notamment un chapitre sur les jardins de Kyoto et un autre sur Hiroshima – dont il ne sera donc pas question dans ces lignes, bien que nous soyons restés quelques jours dans l'une et l'autre ville, ayant apprécié ici toutes les nuances de verts ou la sèche austérité des jardins, là le torii rouge aux pieds dans l'eau de Miyajima, savouré ici la délicatesse d'un thé sous un ciel orageux près d'un étang aux carpes bicolores, là les délicieux *okonomiyaki* prestement confectionnés sous nos yeux dans un restau bondé, partagé ici le calme d'une délicieuse petite auberge non loin de l'arrêt de bus Kiyomizu-do, là la poignante et tenace émotion du musée de la Bombe.

Heureusement il m'est parfois arrivé, lors de ce voyage, de ne pas marcher dans mes propres traces. Ainsi dans les Alpes japonaises il y a dix jours, ou ces jours-ci au bord de la mer du Japon, laquelle baigne aussi, quoique sous un nom différent, les côtes coréennes – l'ouest, donc. Mais la péninsule sur laquelle nous nous trouvons est orientée de telle sorte qu'Amanohashidate, où nous logeons, et le petit village d'Ine, où nous sommes allés passer une journée, sont l'un et l'autre tournés vers l'est. À Kanazawa voici quelques jours, la côte était bien orientée en direction du couchant, mais nous n'étions pas restés assez longtemps pour la voir, si bien que cela n'avait pas changé grand-chose à cette sensation étrange d'avoir perdu, depuis notre arrivée au Japon, non pas le nord, mais l'ouest.

Amanohashidate est célèbre pour son tombolo, autrement dit « un cordon littoral de sédiments reliant une île à un continent ou plus généralement deux étendues terrestres » (Wikipédia). C'est en outre un des trois sites majeurs du Japon – du moins fut-il un jour officiellement répertorié comme tel. Les deux autres sont les îlots de Matsushima, du côté de Sendai, et l'île de Miyajima avec, donc, son grand torii rouge aux pieds dans l'eau, au large d'Hiroshima. Et en effet, l'endroit est beau. On peut en apprécier le panorama grâce à deux télésièges qui, de part et d'autre de la grande langue de sable et de pins qui unit les deux rives de la baie, permettent d'accéder à deux collines aménagées en points de vue pour touristes – lesquels, c'est frappant, ne sont pas si nombreux, ni les structures destinées à les accueillir. Quelques hôtels, quelques restaurants, quelques boutiques, mais *pas trop* : juste le strict minimum, et avec parcimonie. Impossible, par exemple, de trouver un magasin où acheter les cartes postales que j'envisageais d'envoyer à quelques amis. Les Japonais pourtant ne sont pas, c'est le moins qu'on puisse dire, avares de babioles – mais comme les bains de mer, les cartes postales semblent ne pas faire partie *a priori* du patrimoine touristique de base, celui qui découlerait tout naturellement pour nous de l'addition bord de mer + chaleur + site touristique majeur. Ce qui n'est pas si mal. Difficile aussi de trouver un endroit où dîner le soir où nous sommes arrivés – tout était fermé, sauf une mini-gargote à sushis, d'ailleurs délicieux, que le patron confectionnait en direct devant nous, d'un rapide mouvement de mains qu'on devinait issu d'une longue chaîne de transmission technique des savoirs. On imagine comment, en Europe, un tel lieu, considéré comme un des principaux attraits du pays, aurait été aménagé à grands coups de restaurants les pieds dans l'eau et de structures touristiques à n'en plus finir. Rien de tout cela ici.

Je l'ai dit déjà, Tanguy en a parlé aussi, le Japon est souvent imprévisible, si ce n'est déroutant, et dispose en outre de plusieurs manières de ne pas être là où on l'attendait – d'au moins deux en fait. D'abord, il n'est pas rare de s'égarer dans les entrelacs de sa géographie. Ensuite, il ne correspond pas toujours à l'image qu'on s'en était préalablement forgée à coups d'idées reçues et de simplifications télévisuelles. Par exemple, quelques-uns chez nous imaginent volontiers les Japonais comme un peuple d'automates hyperactifs en proie à un fourmillement incessant. Bien sûr, dans les grandes villes, il y a des foules. Mais, comment dire – ce sont des foules *calmes*. Le Japon est, paradoxalement, le pays le moins pressé qui soit. Il n'est pas compliqué d'en faire l'expérience : conduire une voiture, prendre le bus, marcher à pied sont autant d'écoles de la patience. Tous, conducteurs et piétons, passent leur temps à attendre, parfois très longtemps, sans jamais manifester le plus petit agacement. Vous êtes dans un bus à Kyoto par exemple. Il s'arrête, les passagers descendent par l'avant et paient, le conducteur adresse une formule de politesse à chacun, et cela prend un temps fou – on se dit qu'en France ça pesterait, pousserait, soufflerait. Une fois que tout le monde est descendu, les portes de derrière s'ouvrent, et montent ceux qui attendaient à la queue leu leu sur le trottoir sans jamais râler, même si cela a duré cinq bonnes minutes parce qu'un type qui descendait peinait à trouver sa monnaie. Tout le monde a le temps, ou fait comme s'il l'avait. Aussi, les trajets en bus sont parfois très longs. Les feux rouges n'en finissent plus. Les verts non plus, d'ailleurs. Et les piétons attendent *leur* feu vert patiemment, même s'il n'y a aucune voiture à l'horizon. Bref, tout est calme, lent et ordonné. Courtois et civil. Tout à fait reposant.

Ceux de mes amis japonais qui connaissent bien la France me disent souvent à quel point ils ne se sentent pas toujours très à l'aise dans leur pays – d'un point de vue politique notamment : un gouvernement hyper-nationaliste, un parti pris tout-nucléaire, l'absence d'une réelle société civile, des conditions sociales souvent difficiles (retraites misérables – on voit partout des personnes âgées exercer de petits métiers pour compenser leurs maigres allocations –, prestations sociales minimales), et les multiples scléroses d'une société volontiers oublieuse et très conformiste, pour laquelle il ne fait pas toujours bon être dans les marges, quelles qu'elles soient. Je n'ignore pas tout cela, mais il reste que l'impression qui s'impose d'emblée aux visiteurs est que le Japon est un pays peuplé de gens particulièrement serviables qui semblent toujours prêts à se mettre en quatre pour vous rendre la vie facile. « Le peuple le plus aimable de l'univers », écrivait Lafcadio Hearn. L'affirmation tient toujours : il suffit de venir dans le pays pour la vérifier. Peut-être les Japonais sont-ils en outre le peuple le moins avide, le moins arc-bouté sur les notions de profit, de rentabilité, de bénéfice, lesquelles se développent souvent au détriment des relations humaines et du respect dû à autrui. Rien ne se marchande, évidemment ; laisser des pourboires serait incongru, et nul ne pousse à la roue de la consommation – ou du moins *pas trop*. Ce qui, encore une fois, est très reposant.

Il n'est donc pas surprenant que la journée à Amanohashidate ait été paisible. La saison des pluies était supposée avoir commencé la veille, mais ce jour-là semblait devoir ménager un répit. Nous avons pris le matin un petit bus dont l'odeur, un peu métallique, me rappelait celle du vieil autocar bleu ciel qui nous emmenait, à la fin des années 60, ma mère, ma tante, mon cousin et moi, vers les plages de Saint-Vincent et du Grau, à Agde où vivaient mes grands-parents. Une heure plus tard nous arrivions à Ine, village de pêcheurs constitué de maisons en bois sur pilotis (*funayas*). En sortant du bus nous avons presque aussitôt grimpé sur un bateau qui proposait une sortie dans la baie, d'où nous pourrions avoir une vision d'ensemble du village, échelonné au pied de collines luxuriantes et touffues qui plongeaient presque à la verticale dans l'eau verte. Des myriades d'oiseaux, goélands et rapaces entre buse et faucon, disons des sortes de milans, qu'on appelle ici « *tōnbis* », nous accompagnaient, habitués à ce que les touristes leur tendent du bout des doigts des biscuits secs que depuis longtemps les volatiles avaient appris à saisir, les uns du bout du bec, les autres d'un mouvement sec des serres avant de soudain plonger vers le haut d'une belle et brusque échappée pour les becqueter à loisir, recourbés en plein vol, tête penchée sur leur butin, loin du pullulement des goélands. Puis, de retour au quai, nous avons marché à pied dans les rues du village – ou plutôt la seule rue, une route qui faisait le tour de la baie. Un peu d'hésitation et de perte de repères ne faisant pas de mal, nous avons attendu quelque temps un bus qui ne viendrait jamais, car l'endroit où nous nous trouvions n'était pas desservi ce jour-là, en dépit de ce que nous avions cru lire sur un panneau explicatif. Ayant trouvé le bon arrêt quelques virages et centaines de mètres plus loin, nous avons grimpé dans l'autocar, et décidé de nous séparer. Après tout, cela ne nous était pas arrivé depuis deux mois.

Je suis descendu de l'autre côté du tombolo (« l'autre côté » par rapport à celui où nous logions), Tanguy quant à lui a continué jusqu'à l'hôtel. Il se baladerait à vélo sur la bande de sable et de pins, je monterais en télésiège jusqu'au point de vue, puis rentrerais à pied à l'hôtel, le long de la même bande, où d'ailleurs nous ne nous croiserions pas, l'un arpentant les plages, l'autre le chemin carrossable. La journée s'étirait doucement. Marchant sur les trois kilomètres de plage qui bordent le tombolo, seul hormis deux pêcheurs à la ligne et, plus loin, un couple se photographiant au bord de l'eau, je pensais au lac Baïkal, où nous nous trouverions dans (à peine) trois semaines. Même silence, même solitude, même clapotis. Moins d'immensité, sans doute. Moins de fraîcheur, aussi.

Un peu plus tôt, à l'arrivée du télésiège, une fois dépassé le point de vue où il convient, paraît-il, de contempler le site à l'envers, la tête entre les jambes, pour avoir l'impression, au cas où vous n'auriez pas suffisamment perdu vos repères, que le ciel est devenu eau et vice versa (et accessoirement qu'un dragon s'y déploie), j'avais grimpé un vieil escalier de pierres menant à un tout petit temple près duquel se tenait un magasin de bric et de broc, tenu par une vieille dame qui correspondait assez à ce qu'écrit Balzac au sujet de Mme Crochard dans *Une double famille* (« À la voir au repos, sur sa chaise, on eût dit qu'elle tenait à cette maison comme un colimaçon tient à sa coquille brune »). Quelques cartes postales, *mais pas trop*, étaient (enfin) proposées à la vente. En somme il suffisait d'attendre le bon moment et le bon lieu, fût-il perché au sommet d'une colline. La patience, le calme et la parcimonie, toujours.

Lettre à un ami français

Nagasaki, le 13 juin.

Mon cher X.,

Nous voici à Nagasaki, petite ville plaisante et assez chaude, puisque bien au sud, ainsi que n'importe quel atlas te le démontrera. Nous y restons encore demain toute la journée et partons à Osaka jeudi où nous embarquerons vendredi sur un ferry à destination de Shanghai.

Ce soir nous sommes allés prendre une bière dans l'un des rares endroits que nous ayons trouvés (le Japon n'est pas vraiment un pays de brasseries ou d'apéros, ils boivent surtout pendant les repas), une sorte de gargote sympathique où l'on servait des petits appetizers, *et remplie de fumeurs, car il y a encore des endroits où on peut fumer au Japon. Au bout d'un quart d'heure, à côté de nous, s'est trouvé par hasard un homme un peu âgé qui s'est mis en tête d'engager la conversation, alors qu'il ne parlait pas un mot d'anglais, ni nous de japonais. Une jeune femme était avec lui, qui ne parlait pas davantage anglais, mais traduisait avec une application de son téléphone. Chacun parlait dans sa langue, et la traduction s'écrivait sur l'écran, avec parfois quelques surprises ou incompréhensions réciproques. Elle était sa secrétaire, nous ont-ils dit.*

Nous n'avons pas très bien compris dans quelle branche travaillait le vieux monsieur, mais il avait l'air assez wealthy. *Sa secrétaire nous a précisé en outre qu'il était à la retraite. Et aussi qu'il était consul honoraire de Mongolie à Fukuoka, ce que nous pensions être dû à une erreur du logiciel de traduction, car il n'était aucunement mongol (Japonais né à Nagasaki) – mais non, nous nous sommes avisés ensuite que « consul honoraire » est un titre attribué, par un pays A, dans un pays B, à des ressortissants de ce dernier pays. Il nous a offert de délicieuses petites choses à grignoter, de la bière et du saké, nous avons ensuite commandé d'autres* appetizers *faisant office de repas un peu arrosé, jusqu'à ce que, apprenant que nous étions écrivains et faisions un tour du monde, information qui a valu à sa secrétaire force* Ah ! *et* Oh ! *d'admiration un rien gutturaux, à lui aussi d'ailleurs, ainsi qu'à une serveuse à qui il l'a aussi transmise, il nous demande si nous avons déjà été dans un* vrai *restaurant japonais, et devant notre hésitation quant à mesurer la différence entre un restaurant vrai ou moins vrai, décide de nous inviter à dîner. « Je veux vous montrer ce que c'est que la nourriture japonaise. » Pour moi nous avions déjà dîné, mais pourquoi pas.*

Nous voilà donc partis, le vieux petit monsieur aux cheveux teints (très noirs), la secrétaire en jeans, tee-shirt et casquette, téléphone à la main pour passer d'une traduction (parfois aléatoire) à l'autre, et nous deux, dans des ruelles au bout desquelles se trouvait un escalier, en haut duquel se trouvait l'entrée d'une belle maison, à l'écart, sans rien qui indique qu'on pouvait y dîner. En fait il s'agissait d'une sorte de club réservé à un certain gratin de la ville, je pense, où il faut réserver, mais comme notre amphitryon était, apparemment, un habitué des lieux et une personnalité du coin, nous avons pu entrer après avoir été accueillis par une dame sortie tout droit d'un film des années 50, en chignon et kimono, affolée de cette arrivée impromptue, mais se mettant en quatre avec force courbettes (ce qui reste après tout le meilleur moyen de se plier en quatre) pour répondre du mieux possible à la situation.

Nous voici donc dans une salle privée, avec une seule table au ras du sol, quatre coussins autour, et une verrière donnant sur un carré de verdure comme savent les assembler les Japonais, avec grâce et harmonie. Nous étions dans un film. Et là on nous a servi une succession de mets plus délicieux, fins et sophistiqués les uns que les autres. Je rappelle que nous avions déjà mangé. Je n'avais donc plus faim. J'ai pourtant presque tout terminé tant c'était bon, et je t'écris le ventre tendu – et aussi la tête pleine et encombrée, puisque j'ai bu bières et saké. Une bonne dizaine de plats succulents, du tofu à l'agar, du radis au calamar, des sashimis, des tempuras, de la pieuvre, d'autres choses dont j'ai renoncé à connaître le nom mais qui étaient extrêmement fines et goûteuses, et une délicieuse pannacotta à la mangue en dessert – moi qui ne mange jamais de dessert. Tout cela d'une finesse extrême.

Nous n'avions rien à nous dire, ne parlions pas la langue de l'autre, les traductions Google ou je ne sais quoi nous laissaient parfois perplexes, mais le type était content de manger pour la première fois de sa vie avec des Français, disait-il, et sa secrétaire était enfantine, empressée et enthousiaste. Puis nous nous sommes levés et séparés dans la rue, en le remerciant vivement bien sûr, mais il s'est éclipsé bien vite, sa secrétaire aux talons. Il a dû laisser au bas mot 100 € par personne pour des gars qu'il ne connaissait pas et ne reverrait jamais, ainsi qu'il l'a répété deux fois lors du repas, mais il était très content de partager ce moment qui resterait unique, ainsi qu'il l'a également répété. Comme il nous avait laissé sa carte de visite, et qu'elle était en japonais, je l'ai photographiée et envoyée à Akira, pour qu'il puisse nous donner quelques renseignements. Voici sa réponse : « Le gentil monsieur s'appelle S. T. Il travaille dans un organisme à but non lucratif qui s'occupe de l'amélioration environnementale. On crée au Japon beaucoup d'entreprises bidon pour le pantouflage des hauts fonctionnaires. C'en est peut-être une. Pas de site en tout cas à l'adresse indiquée… On ne sait pas ce qu'ils font. Cela dit, c'est vraiment un gentil monsieur. Et une situation si japonaise ! Ça vous arrive à vous et à Michèle, mais jamais à moi ! »

Amitiés

LISTE DES ANIMAUX

2

Un couple de pétrels sur le porte-containers *Tigris*, entre Ensenada (Mexique) et Yokohama (Japon).

Le souffle d'une baleine, puis sa nageoire caudale dressée pour la plongée.

Des groupes de dauphins en chasse.

Un troupeau d'orques, adultes et enfants.

Des assemblées de pétrels lorsque nous croisions d'autres navires.

La célèbre statue du célèbre chien Hashikō (de race *akita*) à Tokyo, gare de Shibuya.

Celle du « dernier samouraï » Saigō Takamori et de son chien dans le parc d'Ueno.

Les poissons en papier de Takayama.

Les grosses carpes Koï rouges, noires, blanches, dorées, bicolores, tricolores etc. (vingt-quatre variétés recensées) des étangs des jardins japonais, ondulant lentement entre les rocs moussus.

Un héron qui prend lentement son envol sur une plage de la longue bande de sable et de pins d'Amanohashidate.

Les dizaines de goélands et de rapaces (*tōnbis*) tournoyant autour du navire dans la baie d'Ine.

Les daims de Miyajima qui quémandent sans cesse et dorment dans les jardins et sous les ponts.

Un héron immobile qui fait sécher ses ailes entre deux ponts de pierre le long de la rivière Nakashima, à Nagasaki.

Chine

La mort de Shanghai

Parmi les relations pour le moins variées que nous entretenons avec le langage, il arrive aussi que les noms propres se dressent devant la réalité qu'ils désignent et alors lui fassent tellement écran qu'on n'y voit plus rien. Shanghai, par exemple, est un nom comme ça pour moi – comme un titre en surbrillance à l'affiche d'un cinéma de Broadway, ou bien l'épais rideau d'un théâtre dont on croit connaître à l'avance le sujet de la pièce, mais vide encore de toute épaisseur sensible. Le nom de Shanghai à mes oreilles est comme ces videurs à l'entrée de certaines boîtes de nuit, laissant filtrer par la porte entrouverte les bruits d'une musique pleine de promesses, mais peu décidés à en autoriser l'entrée. Et fouillant plus avant dans mon grenier intérieur tout ce que ce nom charrie de casinos, de gratte-ciel ou de navires marchands, je me rends compte que toutes ces images s'effilochent d'elles-mêmes dans mon ciel mental, s'étirent en autant de nuages évanescents, pastels effrangés qui n'ont pas plus de charge concrète qu'une lointaine vue d'avion. Mais le sentiment tangible qu'à Shanghai des gens vivent et dorment et se lèvent le matin, la conscience véritable qu'il y a des rues avec des êtres humains qui en arpentent les trottoirs, l'idée en un mot que la ville existe, active et mortelle, en fait, non, cela ne me fut jamais donné.

Je m'en suis aperçu au moment voulu, sur le ferry qui du Japon nous amenait vers le cœur de la ville, remontait le Yang Tse Kiang depuis l'embouchure de la mer de Chine, fendant l'eau boueuse à la vitesse maximale de cinq nœuds. À regarder sur les rives croître infiniment les immeubles et les activités, à voir la ville naître sous mes yeux comme un immense jeu de construction se densifiant, j'ai compris que je n'avais jamais vraiment envisagé Shanghai et qu'entrer là, à contre-courant de l'eau qui s'en allait vers la mer, c'était comme enfoncer peu à peu une aiguille dans la bulle opaque d'un nom qui, au lieu d'ouvrir au monde qu'il désignait, le clôturait. Là, sur le pont ensoleillé du ferry, le fleuve comme un passage secret qui nous permettait d'entrer comme subrepticement dans la ville, j'ai l'impression d'avoir compris pour la première fois tout le sens du mot « réaliser » : quand la densité des choses perçues, atome par atome, semble tomber à l'intérieur de soi en un poids qui pénètre et traverse tout le corps, dotant soudain la conscience de cette épaisseur physique qui, la plupart du temps, lui manque et qui alors, par quel vieux fonds minéral et commun, semble nous relier à toute la matière environnante, les êtres et les choses, l'eau et le ciel.

Et ce lien, en un sens, m'augmente. M'augmente la lumière nébuleuse qui s'étend sur les tours à l'horizon. M'augmente la moiteur matinale qui enveloppe le pont du bateau. M'augmentent les cheminées des usines qui se dressent dans la plaine. Les mille embarcations qu'on croise le long du fleuve. La femme qui ouvre ses rideaux à l'étage d'un immeuble. L'homme qui fume à la barre de sa péniche. Cet autre qui regarde au loin à la proue de son bateau. Et toute cette eau limoneuse que le ferry remonte. Que devient ce limon quand il arrive dans l'océan ? À force, il devrait avoir jauni toute la mer de Chine. Mais la mer de Chine est verte ou bleue comme toutes les mers du monde. Que transporte cet homme sous la bâche usée de sa barque ? Je ne le saurai jamais mais ça n'a pas d'importance : depuis le pont du ferry, j'ai déchiré le voile d'abstraction qui m'interdisait la ville et chaque heure désormais sera cela, une série d'alluvions prêts à sédimenter dans ma future mémoire, ayant à jamais détricoté, dans ce lent travelling de près de trois heures, les huit lettres du mot Shanghai.

À vrai dire, tout notre voyage lui-même n'est que cela, un lent travelling qui dans sa lenteur même pénètre comme une pluie fine dans le sol de chaque kilomètre parcouru. Ce voyage n'est pas en soi une ode à la lenteur mais peut-être à son corollaire, la gravité : en ne prenant pas l'avion, il s'avère que chaque mètre s'arpente de tout son poids, chaque parcelle d'eau ou de terre ferme se « réalise » et tombe lourdement dans l'escarcelle du vécu. Et voilà que ce vécu à jamais chu du ciel des idées folles, tous ces kilomètres qu'on regarde un à un s'évanouir dans le sillage des hélices et des pare-brises arrière, ils entrent, se succédant sagement, dans l'aire close et mesurable du temps, c'est-à-dire dans leur violente et sublime finitude.

C'est ainsi que je l'ai ressenti quelques heures plus tard, dans le métro cette fois, encore éberlué de toute cette vie venue cogner aux portes de la perception mais dont soudain, à regarder les visages de tous ces Shanghaïens, à voir toutes ces mains qui se tenaient aux poignées du wagon, tous ces regards qui glissaient ou plongeaient vers le sol, j'ai commencé à comprendre que ce que j'en éprouvais depuis l'aube, en même temps que la charge de cette réalité nouvelle et pléthorique, et sans doute par ce fait même, c'était sa chute dans le temps, par quoi Shanghai sortait de sa nébuleuse éternité pour devenir un lieu coordonné, fini et en ce sens, mortel. Alors peut-être, la véritable joie qui depuis l'aube me liait à tout ça sur le Yang Tse Kiang, le fluide qui circulait entre moi et les âmes de la ville, ce n'était rien d'autre que ce partage soudain d'un destin commun de tous les êtres et de toutes les choses, par quoi nous étions, Shanghai et moi, enfin à égalité de mort.

C'était un dimanche matin et voilà que je suis entré dans la mort de Shanghai. Et la mort de Shanghai était partout, sur l'eau du fleuve encore quand le ferry s'amarrait sous les surfaces vitrées des grandes tours de Pudong, plus tard dans la vieille ville où klaxonnent les vespas, sous les fils emmêlés des poteaux électriques, partout elle se riait de la hauteur des tours, partout elle régnait par-dessus l'étrange odeur de Chine qui pénétrait, insistante, dans chaque ruelle étroite. Et la mort de Shanghai se tenait là, joyeuse encore, à l'arrière des taxis dans les avenues géantes, sous les pavés piétons de la rue de Nankin, dans le cœur des vitrines et des vendeurs de montres, sous les platanes centenaires qui font comme une tonnelle dans l'ancienne concession, même au marché couvert où les cris des mainates se perdent dans le chant des grillons, partout elle persistait, se faufilant jusque dans les étages du musée national, où Bouddha mieux que moi, les yeux clos dans la pénombre, murmurait à qui voulait l'entendre que le temps qui passe est un lent travelling et qu'il faut apprendre à l'accompagner dans la nécessaire impermanence du monde.

Au ras du sol

Parmi les mémorialistes et chroniqueurs des années qui ont suivi la Restauration, plusieurs ont fait état de la sensation d'accélération du temps qu'eux-mêmes et leurs contemporains avaient éprouvée au tournant du XVIIIe siècle. En vingt-cinq ans à peine, moins d'une génération, l'Ancien Régime s'était trouvé cul par-dessus tête, la Révolution avait tout balayé, la Terreur encore plus, la République avait été instaurée, puis ç'avait été le Consulat, l'Empire, les batailles européennes, la chute de Napoléon, les Cent-Jours, et la Restauration. La tête, pour ceux qui l'avaient encore sur les épaules, avait tourné dans tous les sens. Dans un autre ordre d'idée, il est toujours surprenant de réaliser qu'entre la première traversée de la Manche en aéroplane par Blériot et les pas de Neil Armstrong sur le sol lunaire, à peine soixante ans se sont écoulés. L'histoire des hommes et des techniques procède ainsi par sauts, ou par brusques raccourcis, comme si en pliant un tissu on faisait se joindre les deux extrémités qui sans cela resteraient éloignées l'une de l'autre. C'est un peu l'impression que donne la Chine contemporaine pour qui l'a connue il y a une trentaine d'années.

Dans les parcs nationaux américains, il y a un peu plus d'un mois, je nous imaginais côtoyant le passé immémorial d'une anté-humanité cyclopéenne, celle de races de géants bâtisseurs de monstrueuses constructions dont n'auraient subsisté, des millions d'années plus tard, que les gigantesques ruines que nous avions sous les yeux, dressées dans la poussière rougeoyante des déserts. En Chine, s'il est aussi question de voyage temporel, il s'agirait plutôt d'un saut dans le futur – plus modeste, moins délirant, et donc beaucoup plus frappant. C'est d'ailleurs un lieu commun : que ce soit au niveau de l'urbanisme, de la technologie, des modes de vie dans les grandes villes ou des comportements sociétaux, un siècle au moins semble s'être écoulé entre les années 80-90 et aujourd'hui. Lors de ma première visite à Shanghai il y a moins d'un quart de siècle, la tour de télévision de la Perle Orientale se dressait seule sur les rives de Pudong, majoritairement constituées de marécages. Dix ans plus tard, elle était entourée de dizaines de gratte-ciel presque aussi hauts qu'elle ; vingt ans après, elle contemplait d'en bas les Shanghai tower (632 mètres, le deuxième bâtiment le plus haut du monde, deux fois la tour Eiffel) et autres Jinmao ou World Financial Center. La rue de Nankin n'était pas encore le grand centre commercial piétonnier qu'elle est devenue, et sur la place du Peuple, le Park Hotel, qui serait bientôt écrasé tout au fond de l'immensité verticale de Shanghai, se souvenait du temps pas si lointain où il était encore le plus haut bâtiment d'Asie du Sud. À Pékin il y a trente ans, il n'y avait ni scooters ni voitures individuelles, uniquement des transports en commun, les grosses voitures noires des officiels, et les flots ininterrompus des vélos. La grande avenue Wangfujing était déjà commerçante, mais plus modestement, et encore bordée d'arbres. Les quinquagénaires et au-delà portaient pour la plupart l'habit ouvrier, vêtements de toile bleue et casquette. Ce qui n'a pas changé en somme, c'est l'esthétique globale des deux villes : Shanghai plus ville du sud, qui fourmille davantage, plus élégante sans doute, Pékin plus froide et géométrique avec ses vastes perspectives, plus abstraite aussi – le lieu du pouvoir.

Mais les rapides bouleversements de la Chine ne concernent pas que Shanghai et Pékin : la folie de la construction et la démesure urbaine semblent être le lot du pays tout entier, de ce que j'ai pu en voir en tout cas lors de voyages en train vers l'ouest ou le nord, de Lanzhou à Harbin, de la Mandchourie au Tibet, des bords du lac Er Hai dans le Yunnan, où une immense station balnéaire a surgi en six mois, aux périphéries d'à peu près toutes les villes où se dressent des dizaines, centaines de tours en construction, alignées les unes derrière les autres comme des armées de soldats de béton – et on se demande, à les voir dressées là en attente d'occupants, comment il sera possible de les remplir. Car après tout, la Chine a beau être très peuplée, ses habitants sont bien déjà logés quelque part, et la démographie n'étant plus si galopante, à qui donc sont destinés ces dizaines de millions de logements en cours de construction partout dans le pays ? La spéculation immobilière, sans doute, mais cela ne suffit pas. Le besoin de loger les paysans qui affluent des campagnes vers les villes, oui, mais sont-ils vraiment aussi nombreux ? Le romancier Liu Cixin, dans sa trilogie de science-fiction *Le Problème à trois corps*, imagine une invasion extra-terrestre annoncée et programmée pour dans trois siècles, et les problèmes que cela pose aux Terriens par rapport à leurs descendants : tout combat sera inutile car perdu d'avance quelles que soient les avancées technologiques d'ici là, seule une collaboration sera envisageable, mais de quel ordre, comment la préparer, et avec quelles conséquences pour l'humanité – destruction totale, partielle, esclavage, partenariat ? Contemplant à travers les vitres du train les banlieues monumentales de Shanghai, Pékin, Shenyang ou Harbin, nous délirions : les Chinois du début du XXIe siècle se prépareraient-ils à un scénario de ce genre, et le gigantisme des programmes de construction immobilière à travers tout le pays aurait-il pour but l'accueil de futurs visiteurs interstellaires ?

Plus sérieusement, la Chine d'il y a trente ans s'étant à ce point métamorphosée, que sera-t-elle, où sera-t-elle demain, c'est-à-dire dans encore trente ans ? Premier pollueur du monde, mais aussi le pays le plus en pointe, et de loin, sur les énergies renouvelables et les villes propres ; bientôt première économie du monde, persistant à se réclamer de l'héritage communiste – Mao toujours vénéré, Marx et Lénine faisant toujours partie du panthéon officiel –, mais engagée à fond dans le libre-échange ultra-libéral et le capitalisme mondial globalisé, tout en devenant une société de plus en plus verrouillée, de plus en plus contrôlée – ce qui ne semble pas être sur le point de s'arranger, c'est le moins qu'on puisse dire.

Comme souvent, il vaut mieux quitter les projets pharaoniques, les spéculations futuristes, les anti-utopies orwelliennes et les tours d'un demi-kilomètre de haut, et redescendre au ras du sol, ce qui est d'ailleurs le sens de notre voyage. S'occuper de déambulations, de découvertes, de rencontres dans l'épaisseur palpable du temps et la proximité des inquiétudes, quelles qu'elles soient. Une éditrice et traductrice me dit, dans un taxi, qu'elle est très pessimiste sur l'état de la littérature en Chine, à la fois en raison de la censure permanente et du lectorat qui se réduit, et elle se demande si dans trente ans on publiera encore des livres. Un poète admirateur de Calvino, Brautigan, Milosz et Auden (pour les Français, il en est resté à Baudelaire et Rimbaud) nous parle de cinéma, et lorsque je lui cite un film que j'avais trouvé intéressant, *Le Dernier Voyage du juge Feng*, qu'il ne connaît pas et passe un bon moment à chercher sur Internet, il nous fait comprendre, ayant enfin trouvé les références dudit film (réalisateur, acteur), qu'il s'agit très probablement d'un film officiel, pas loin d'être propagandiste, et donc a priori inintéressant – ce qui, je l'avoue, m'avait échappé. Une très jolie jeune femme originaire de Mongolie intérieure regrette que l'écriture et la langue mongole ne soient pas enseignées dans sa région, dont elle craint l'acculturation, tout comme celle d'autres minorités. Un écrivain originaire du Yunnan me fait comprendre que l'étau se resserre partout, que le contrôle est permanent, et que la population, majoritairement, approuve. Lors d'une rencontre publique à Shanghai, un assez vieux monsieur me demande pourquoi je ne parle pas, dans un de mes romans, de choses plus positives au sujet de la Chine, pourquoi je ne la glorifie pas davantage. Pendant une autre rencontre publique, à Pékin, j'évoque, entre autres, Alexandra David-Néel, le Tibet de 1924 et celui d'aujourd'hui, m'attendant à subir quelques questions sur ce point, auxquelles j'imagine répondre de manière plutôt évasive, mais si les questions sont nombreuses, aucune ne concerne le Tibet. Une dame nous demande qui sont les destinataires du livre que nous allons écrire : Trump, Macron, les élites économiques et politiques ?

Et puis il y a, à l'endroit le plus élevé de la Grande Muraille, sur le site de Mutyaniu, en haut de la tour de guet n° 23 au-delà de laquelle il n'est plus possible de poursuivre son chemin, cette autre dame plus très jeune, habits et teint buriné de paysanne, qui propose tous les jours son minuscule étal rempli de magnets, de casquettes Mao, de Petits Livres Rouges, de bouteilles d'eau et autres babioles à dix sous. Aux courageux qui sont parvenus à grimper jusque-là elle passe autour du cou un ruban orange orné d'une médaille en plastique doré, qu'elle propose ensuite à la vente, et les félicite d'un grand sourire. L'exploit en question, elle l'accomplit quant à elle tous les jours depuis l'arrivée du funiculaire, située tout en bas. C'est sa seule source de revenus. Le dénivelé est énorme, et extrêmement raide. Certaines marches sont si escarpées qu'il faut s'aider avec les mains. Ses journées, elle les passe à attendre les touristes, comme un soldat attend les barbares du nord, ou un intellectuel la fin des répressions.

Interlude : dernières nouvelles de l'ouest

Un jour l'origami japonais s'était déployé, et, pour la première fois depuis trois semaines, nous avions repris notre route vers l'ouest, à bord du ferry *Su Zhou Hao* qui relie Osaka à Shanghai – à partir d'où nous pourrions désormais, si nous le souhaitions, rentrer à pied : pour la première fois depuis plus de deux mois en effet, aucune mer, aucun océan ne nous sépareraient plus de chez nous. Cette continuité de l'espace terrestre, c'est peut-être ce qui m'a toujours attiré vers l'Extrême-Orient, russe notamment, Vladivostok et le Kamtchatka : je peux, si je le souhaite, fermer la porte de chez moi, me mettre en route à pied dans ma rue, et, au bout d'*un certain temps*, comme aurait dit Fernand

Raynaud, déposer mon sac à l'autre extrémité du monde.

Nous filions donc à nouveau vers l'ouest, après nous être longuement et plaisamment égarés dans le délicat embrouillamini japonais. Ce changement de cap n'était d'ailleurs pas pour nous déplaire, tant ce voyage, qui ressemblait de plus en plus à un réjouissant millefeuilles, empilant les unes sur les autres visions et expériences souvent fortement contrastées, ne tire son unité, au fond, que de ce double projet : demeurer au ras du sol, et filer vers le soleil couchant, dépasser la ligne d'horizon pour atteindre l'autre côté du monde, là où basculent les navires et se trouvent les monstres – autre côté du monde qui, si tout va bien, devrait ressembler à s'y méprendre à nos villes, rues et maisons respectives.

Ensuite nous avons quitté Shanghai, et l'ouest nous a échappé à nouveau : nous sommes d'abord partis plein nord, en train vers Pékin, puis avons filé quelques jours plus tard vers le nord-est et la Mandchourie, traversant le chapelet de mégapoles de Tianjin (13 millions d'habitants), Shenyang (8 millions), Chengchun (7 millions) et Harbin (10 millions), où nous avons obliqué vers le nord-ouest, pour rejoindre la frontière à

Manzhouli, puis à Zabaïkalsk côté russe. C'est à Tchita que nous nous tournerons, résolument cette fois, vers le couchant, dont nous conserverons le cap jusqu'à notre arrivée chez nous, dans le lointain Far West.

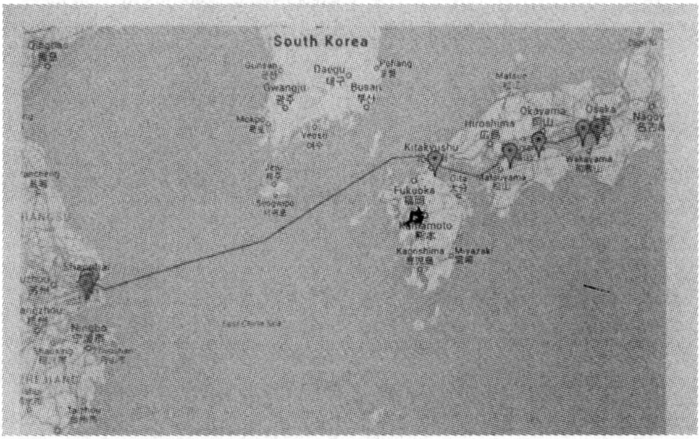

PROVERBES DU JOUR

2

13/05, Ensenada
L'herbe est toujours plus verte ailleurs
(quant au passage de la frontière du Mexique aux USA)

16/05, cargo Ensenada-Yokohama
Il ne faut jurer de rien
(quant au résultat assez attendu du match OM-Atlético Madrid)

16/05, cargo Ensenada-Yokohama
À chaque jour suffit sa peine
(quant à la diction d'un proverbe quotidien)

17/05, cargo Ensenada-Yokohama
Les grands esprits se rencontrent.
(quant à se croiser par hasard dans les couloirs du bateau pour se rendre au même endroit)

22/05, cargo Ensenada-Yokohama
Rien ne sert de courir, il faut partir à point
(quant à reculer dans le temps avant de gagner un jour)

24/05, cargo Ensenada-Yokohama
Quand le chat n'est pas là, les souris dansent
(quant à l'équipage qui parle roumain dès que le capitaine n'est pas là)

27/05, Tokyo
Il n'y a pas de petits profits
(quant aux visas divers, frais d'entrée et de sortie qu'on nous a infligés dans différents pays)

30/05, Tokyo
Il ne faut pas mettre tous ses œufs dans le même panier
(quant à faire un seul colis depuis le Japon pour la France, au risque qu'il n'arrive pas)

02/06, Matsumoto
Un tiens vaut mieux que deux tu l'auras
(quant à s'arrêter dans le premier Family Mart qu'on trouve)

10/06, Himeji
Il n'est pire sourd que celui qui ne veut pas entendre
(quant à la non-réponse d'un commerçant à notre au revoir japonais)

14/06, Osaka
Les meilleures choses ont une fin
(quant à la péremption de notre rail pass au Japon)

15/06, ferry Osaka-Shanghai
Il y a un temps pour tout
(quant au passage de « *Arigato gozaimas !* » à « *Nihao !* »)

16/06, ferry Osaka-Shanghai
La fortune sourit aux audacieux
(quant à explorer le bateau pour voir le coucher du soleil)

18/06, Shanghai
Autres pays, autres mœurs
(quant aux différences entre le Japon et la Chine)

Russie

Aux bords du lac Baïkal

Avec les Russes, on ne sait jamais trop sur quel pied danser : ils peuvent témoigner tour à tour de ce formidable enthousiasme qui faisait dire à Mme de Staël que « les Russes ratent toujours leur but, parce qu'ils le dépassent », et de cette étonnante force d'inertie qu'on désigne, je crois, sous le nom d'*ostranenie*, petite cousine de la *saudade* portugaise : une sorte de mélancolie profonde qui consiste à toujours considérer les choses du dehors, à distance, à s'imaginer voir la réalité par-delà le voile des habitudes et des conventions – un à-quoi-bonisme qui a pour effet de saboter le premier élan (puis, méthodiquement, tous les suivants), et de conduire, au bout du compte, à une forme d'inaction bougonne. En somme, la puissance joyeuse de la Révolution, et la morne grisaille bureaucratique.

Aujourd'hui, à quelque niveau que l'on se place, politique notamment, on ne peut pas dire que la Russie fasse grand-chose pour avoir l'air aimable. Pas plus que certains de ses habitants lorsque vous avez affaire à eux dans, mettons, un magasin, une gare ou n'importe quelle administration où l'on ne sait plus très bien si l'attitude parfois résolument hostile à votre égard relève d'une maussaderie congénitale, d'une simple déprime passagère ou d'une sorte d'universel russe antipathique et morne. Et pourtant, même si cela peut paraître étrange de le dire ainsi, j'aime ce pays. Je ne saurais dire exactement ce que j'y aime : peut-être la musique de sa langue, ou alors sa littérature, ou sa géographie – sa formidable vastitude, sa beauté, l'immense désert d'hommes qui en constitue la majeure partie –, ou encore, dissimulées sous la maussaderie dont je parlais plus haut, la sensibilité et la générosité de ce peuple si souvent malmené par tous les pouvoirs, toutes les guerres, civiles ou non, et à toutes les époques – plus probablement un peu de tout cela à la fois.

En arrivant à Zabaïkalsk, à la frontière sino-russe où, le temps de changer les boggies des wagons, les voyageurs quittent le train pendant quatre heures, je me souvenais des lignes que j'avais écrites il y a quelques années lorsque j'avais effectué le même voyage en transmandchourien, mais en sens inverse. C'était l'hiver, j'étais presque seul dans le wagon, et j'étais arrivé en fin de journée dans cette gare déserte, glaciale, peu accueillante, au buffet de laquelle une serveuse obstinément antipathique déployait une remarquable absence d'efforts pour me faire comprendre du mieux qu'elle pouvait que j'étais un intrus. Autant dire que mon impression avait été plutôt négative. Il y a quelques jours, la même serveuse (je l'ai reconnue) était toujours aussi peu chaleureuse et accueillante, mais c'était l'été, la matinée était ensoleillée, et nous sommes sortis faire quelques pas autour de la gare, jusqu'à un magasin de *produkty* où nous avons acheté des victuailles. Et là, passant devant quelques-unes de ces maisons sibériennes aux façades de bois et aux fenêtres festonnées derrière lesquelles se devinent une plante verte, une orchidée, j'ai senti monter en moi un sentiment de chaude familiarité, comme si je rentrais dans un lieu connu et aimé : j'étais *bien* – et heureux de me retrouver là.

Traversant ensuite pendant des heures les paysages verts et vallonnés, d'une extrême douceur, aucunement urbanisés, rarement cultivés, entre Zabaïkalsk et Tchita, perdant mon regard dans les lacs, rivières et forêts qui s'échelonnaient derrière les vitres du train, les collines d'herbe rase ou parsemées de bouleaux, une isba ou deux posées là avec vaches et chevaux, je mesurais encore une fois l'abîme, déjà perceptible de part et d'autre de la frontière entre les tours dressées de Manzhouli et la bourgade provinciale de Zabaïkalsk, qui sépare la densité urbaine d'une Chine surpeuplée et les immenses étendues russes qui n'en finissent pas d'égrener leurs vastes prairies, leur taïga gigantesque, leurs habitats clairsemés, et la nature sauvage qui les environne.

Question grands espaces, bien sûr, la Russie se pose un peu là, surtout dans sa partie orientale – Sibérie, Bouriatie, Iakoutie, Amour, Primorié. J'ai traversé ces régions à quelques reprises et, même s'il y a quelque chose de puéril dans une telle affirmation, je me dis qu'il n'est pas impossible que les environs du lac Baïkal soient, de tous les endroits du monde que je connais, celui que je préfère – à tout le moins un de mes préférés. On me dit que cela n'est pas très différent de certains coins du Canada ou de la Scandinavie. Je veux bien, mais je connais peu ces régions. Et puis il doit y avoir, ici, quelque chose de spécifiquement russe qui me convient davantage. Je ne sais pas très bien ce qu'est la fameuse « âme russe » dont on parle souvent, mais je sais qu'il y a quelque chose comme une

« russité » qui indéniablement m'attire, et qui doit relever à la fois de cette *ostranenie* dont je parlais plus haut, d'une brusque sensibilité qui affleure partout, d'un sens aigu de la nature, et d'une immersion brute dans le paysage (ce qui m'attire beaucoup moins, c'est le côté « mâle dominant » que cultivent de nombreux hommes russes, aussi bien dans les centres urbains que dans ces zones de profonde ruralité). Au Baïkal, tout est réuni, du moins tout ce qui sans doute, juste après la haute montagne, dont certaines des caractéristiques sont d'ailleurs assez similaires, me correspond le mieux, et qui fait que je m'y sens bien : la nature vaste et vierge, la montagne et l'eau, les mélèzes et les prairies gazonnées, une incroyable immensité, une présence humaine parcimonieuse et intégrée au lieu, un confort pour le moins rustique, une lenteur générale, une présence animale qu'on devine permanente. Et puis le lac lui-même, évidemment, à la fois immense et antique, dessinant sur la carte une longue virgule (« comme une fente dans un mur, et si l'on regarde à travers, on voit de l'autre côté le monde des temps les plus reculés », écrit Yoko Tawada), une faramineuse masse d'eau longue de six cents kilomètres, large de quatre-vingts et profonde par endroits de plus d'un et demi, qui organise et déploie l'espace, autour et en fonction de quoi tout s'organise, avec les trois cent trente-six rivières qui s'y jettent et une seule qui s'en échappe (l'Angara), ses falaises déchiquetées, ses rivages sablonneux, les forêts qui viennent s'y refléter tout au bord, les montagnes qui s'y précipitent, et l'étonnante variété de sa flore et de sa faune. Une faune souvent endémique d'ailleurs, comme les fameux *nerpas*, ces phoques d'eau douce un peu plus petits et ronds que leurs cousins des mers et océans, qui se prélassent sur les rochers affleurant dans l'eau verte près des petites îles Ouchkanni où nous avons pu accéder après une heure trente de bateau depuis la péninsule de Sviatoï Nos, à quelques kilomètres d'Oust-Bargouzine, dans le parc naturel Zabaïkalski.

Le Baïkal n'est peut-être pas le plus grand lac du monde, mais il s'en fiche car il est le plus imposant, le plus riche, le plus profond et le plus vieux. Le plus beau, peut-être. Le plus transparent aussi : « On dit qu'à certains endroits, on voit le fond à une verste de profondeur, écrivait Tchekhov qui passait par là en juin 1890, sur le chemin de Sakhaline. D'ailleurs j'ai vu moi-même de tels fonds, avec des rochers et des montagnes noyés dans l'eau turquoise, que j'en avais des frissons tout le long de l'échine. La promenade sur le Baïkal a été magnifique, je ne l'oublierai jamais, au grand jamais. » Nous non plus. Ce n'est pas la première fois que j'y viens, et j'entends bien continuer. Le Baïkal est le père de tous les lacs.

Tchekhov, puisqu'il est question de lui, et qu'il s'agit par surcroît de quelqu'un de très fréquentable, le dispute à Lénine pour ce qui concerne les statues de personnalités dans la ville d'Oulan-Oude, où nous a déposés le train et où nous avons pris le bus, un vieux tacot plutôt, pour Oust-Bargouzine. La confrontation, cela dit, n'est pas vraiment équilibrée. L'énorme tête de Vladimir Ilitch trône sur la place Sovietskaya : impossible de la rater. Anton, il faut le chercher, et sa taille n'a rien d'exceptionnel – du moins est-il entier, sagement assis à quelques centaines de mètres de là. Comme tous les pays la Russie honore ses guerres et ses grands dirigeants, de Pierre le Grand à Lénine (pas encore Staline, mais ça viendra), mais elle honore aussi, partout, ses écrivains. Sur un bateau qui descendait la Lena j'ai rencontré un jour un grand type manifestement un peu éméché, qui parlait un anglais approximatif (bien meilleur que mon russe cependant), et qui, apprenant que j'étais français, s'était mis à évoquer Napoléon et Koutouzov, la Grande Guerre Patriotique de 1941-1945, Hitler et Joukov, *Guerre et paix*,

Victor Hugo et Pouchkine. C'est aussi cela que j'aime dans ce pays : sa relation, à la fois passionnée et douloureuse, omniprésente, à l'histoire et à la littérature.

J'écris ces lignes à Oust-Bargouzine, une petite ville de huit mille habitants qui ne ressemble pas du tout à une ville, mais plutôt à un gros village très étendu, couché placidement aux bords du lac Baïkal : rues ensablées, plan en damier, maisons traditionnelles aux façades de mélèze avec portes et fenêtres peintes, jardinets ou cours intérieures. Plusieurs magasins de *produkty*, des pharmacies, une église, un stade, un collège-lycée accueillant mille élèves, une polyclinique, un supermarché *Absolut* à la façade jaune pétard, et puis ces rues vides à n'en plus finir, où passent parfois un piéton, un cycliste, une Lada, deux vaches, trois chèvres ou quelques groupes de chiens. À y déambuler à pied ou à vélo, on se demande par moments où peuvent se trouver ces huit mille habitants. « Y a-t-il quelque chose de plus délaissé sur terre qu'une rue de village russe ? » écrivait Vassili Axionov dans *Une saga moscovite*. Et de fait, en dépit du charme déglingué, donc assez problématique, des lieux, on peut se demander ce que cela peut bien *faire* de vivre ici continuellement – d'y être né, scolarisé, amoureux, père de famille, retraité, que sais-je. Peut-être est-ce tout simplement inimaginable pour nous, et faut-il alors resserrer la focale, rassembler le connu autour de soi, selon cette opération dont Proust dit qu'elle « consiste à poser sur les choses l'âme qui nous est familière au lieu de la leur qui nous effrayait ».

Nous avons loué deux chambres chez une famille, les Beketov, dont le fils, Kecha, en vacances d'été chez ses parents, avocat à Krasnoïarsk le reste du temps, nous a emmenés hier jusqu'au pied de la péninsule, où nous sommes montés dans un petit bateau piloté par Guénadi – lui aussi en vacances, et par ailleurs revendeur de véhicules japonais d'occasion qu'il achemine de Vladivostok jusqu'ici, selon une filière à la fois commune et éprouvée (c'est ainsi que dans l'est de la Russie, d'Irkoutsk à Vladivostok, la plupart des voitures ont le volant à droite). Chez les Beketov, ma chambre est une vieille cabane en rondins avec deux lits sommaires, une table et une petite fenêtre, plus un poêle pour l'hiver. Le strict minimum. Je m'y sens bien. Je m'imagine dans la cabane de Baba-Yaga dessinée par Bilibine, et m'attends presque à la sentir bouger, se déplacer sur ses pattes de poule. Il m'est impossible d'imaginer ce que pourrait être le quotidien de quelqu'un n'ayant jamais quitté les rues ensablées d'Oust-Bargouzine – mais là, dans cet intérieur sombre et brut qui me rappelle les cabanes de bergers de mes montagnes, je me dis que je pourrais passer ma vie.

Lettre à un ami français

Oulan-Oude, le 26 juin.

Mon cher X.,

D'Oulan-Oude je ne savais pas grand-chose, sinon que, comme Vladivostok ou Iakoutsk, la ville avait été interdite aux étrangers jusqu'en 1991, qu'elle avait été brièvement capitale de la République d'Extrême-Orient pendant la guerre civile en 1920 (avant que l'ataman Semenov ne la transfère à Tchita où nous sommes passés il y a quelques jours), qu'une chamane nommée Darima Boudaraevna y exerce dans une sorte de HLM sans cachet (elle ne doit pas être la seule mais j'ai chez moi un livre, Entretiens avec une chamane sibérienne, *qui en fait état), et qu'il y a, sur la place au centre de la ville, une énorme tête de Lénine. Des statues de Vladimir Ilitch, j'en ai vu des dizaines, puisqu'il y en a dans chaque ville russe. Celle-ci est peut-être la plus spectaculaire, précisément parce qu'au contraire de toutes les autres le bonhomme n'est pas en pied, mais qu'il s'agit d'une simple et monumentale tête, haute de quatre mètres environ. Tandis que je t'écris je la vois, depuis la fenêtre de notre chambre, qui donne plus ou moins sur la place.*

Il y a non loin la statue d'une autre personnalité, moins surprenante celle-ci, car le modèle est simplement assis sur une chaise, comme l'est Pessoa à Lisbonne : c'est celle de Tchekhov, qui a dû passer par là lorsqu'il s'est rendu à Sakhaline. La statue est discrète, en retrait à l'angle de la façade d'un bâtiment d'une rue piétonne qui me fait un peu penser à celle de Boulder, Colorado, mais en moins fréquentée, moins fleurie, et moins entretenue. Il y a quelques magasins dont les employés désœuvrés jouent sur leurs portables en attendant le chaland, un type debout guitare à la main qui chante très fort et très faux des mélodies sentimentales (j'ai pensé à une sorte de I feel tractor *russe, ce qui est assez injuste pour* I feel tractor, *que j'aime bien), un ou deux snacks, quelques échoppes de souvenirs, et une boutique où j'ai pu, en à peine plus d'une demi-heure (alors que j'étais le seul client, mais la vendeuse était aussi serviable que très peu pressée), acheter un chargeur pour remplacer celui de mon ordinateur, qui m'a lâché hier.*

Cet après-midi nous cherchions le musée de la Littérature, munis d'une adresse qu'indiquait notre guide, mais que nous ne trouvions pas. Un grand type nous aborde cigarette au bec et nous propose de nous y emmener. Nous le suivons sur quelques centaines de mètres, et il nous dépose devant ce qui est en effet un musée, en réfection partielle, dans lequel il semble travailler comme peintre, ou maçon. Après vérification il ne s'agit pas du musée de la Littérature, mais d'un musée ethnographique – ce qui d'ailleurs nous va très bien. Nous entrons, et passons quelques minutes à tenter de comprendre comment fonctionne le système de billetterie : il y a trois étages, et cinq billets possibles, qui associent deux à deux certaines des expositions permanentes ou temporaires, dont les intitulés sont parfois quasiment identiques. Nous optons pour l'un des cinq billets, un peu au hasard, ce qui nous permet d'arpenter trois salles où il est question des peuplades originelles de la région, les Bouriates et les Evenks, et aussi des conquêtes à partir du XVII*e* *siècle et de l'installation progressive des Russes et de la religion orthodoxe. Ce n'est pas inintéressant, même si la muséographie nous laisse, disons, assez perplexe – quoique pas autant que le système de billetterie, qui* *nous a fait rater une exposition sur le chamanisme que nous croyions incluse dans le billet.*

Lorsque, quelques minutes plus tard, nous sortons de là, nous n'avons pas abandonné notre idée initiale : le musée de la Littérature. Nous finissons par repérer une adresse qui semble correspondre, et une bâtisse dont la description, quoique assez vague (« maison traditionnelle »), pourrait être la bonne. Nous y entrons. Raté. Manifestement il s'agit d'une sorte d'agence de pub, ou de communication, où travaillent d'aimables jeunes gens presque anglophones. Nous ressortons en compagnie de l'un d'eux qui depuis le palier nous indique une autre maison, tout à côté. Il s'agit en effet d'une sorte de mini-musée, installé dans une demeure individuelle. Rien cependant ne l'indique nulle part, ni sur la façade, ni sur la porte d'entrée. Une petite dame très aimable, qui a appris le français dans sa jeunesse mais ne se souvient plus que de deux ou trois mots, nous en propose la visite. Aucun tarif n'est affiché, nous donnons ce que nous voulons ; elle accepte en souriant. L'endroit cependant n'a rien à voir avec la littérature : nous croyons comprendre qu'il s'agit d'un musée dédié à la route du thé, qu'une personnalité de la ville, ayant peut-être fait fortune dans le commerce du thé, a créé de son propre chef. Et en effet, dans la première salle, divers objets sont exposés qui se rattachent aux divers itinéraires de ladite route, entre Europe et Extrême-Orient, tous passant par Oulan-Oude. Une carte assez détaillée précise tout cela. Dans une salle adjacente, une expo de dessins et peintures régionalistes sans grand intérêt. La dame nous propose ensuite de monter à l'étage, où sont exposés des fossiles, notamment un crâne de rhinocéros laineux, une défense et une molaire de mammouth, ainsi que quelques images représentant ces mêmes bestioles dans leur environnement. Comme elle nous encourage à les soupeser, nous les prenons à la main, et mesurons leur poids, d'ailleurs assez considérable. Nous nous disons que c'est la première et sans doute la dernière fois de notre vie que nous tenons dans les mains un crâne de rhinocéros préhistorique et une défense de mammouth. Puis nous redescendons et prenons congé de la dame très aimable, qui nous salue avec un grand sourire.

Nous lui demandons tout de même si elle aurait par hasard entendu parler d'un musée de la Littérature. Elle ne voit pas. Comme nous n'avons plus ni adresse ni indication à son sujet, nous faisons une croix dessus. Pour nous consoler, nous retournons dans la rue commerçante et prenons un café dans une sorte de petit salon de thé agrémenté d'objets (napperons, tasses à thé, petites assiettes, plateaux), évoquant la France (chats sur les toits de Paris, amoureux sur fond de tour Eiffel), non loin de la statue de Tchekhov, imperturbable sous son masque de bronze. Peut-être, nous sommes-nous dit alors, est-ce finalement lui, avec son parapluie, son petit chapeau et sa mallette de médecin, qui est le musée de la Littérature à lui tout seul.

Amitiés

En terre profonde

Oust-Bargouzine est le nom du village de Sibérie que nous venons de quitter. Sur Internet, il faut zoomer jusqu'à l'avant-dernier grossissement des cartes pour en voir apparaître le nom, sur la rive est du lac Baïkal, dans la province de Bouriatie – en Russie donc. En déplaçant le curseur sur la carte, on peut voir le peuplement parcimonieux de la région, l'isolement de ses habitants et même on peut arpenter, par photos interposées, quelques-unes de ses rues sableuses, longer ses façades de bois sombre, les peintures écaillées de ses fenêtres et ses toits de tôle ondulée. On entendra presque l'aboiement de ses chiens et les cris de ses enfants à vélo.

Oust-Bargouzine se situe à l'embouchure d'une rivière, à quatre heures de bus au nord-ouest d'Oulan-Oude. Son nom même signifie

« estuaire », là où l'eau de la Bargouzine se jette dans le grand Baïkal. Autour sont les forêts de Sibérie, les montagnes qui tombent dans l'eau, les vallées escarpées. Autour est l'immense lac qui inonde l'écran de son bleu clair et vide. Je crois qu'à mon retour, il pourra m'arriver de dire que j'ai séjourné dans la Russie profonde.

Cela fait plusieurs fois au cours de ce voyage que la notion survient, de profondeur. Aux États-Unis déjà, sur certaines routes du Middle West, ou bien dans les bourgades de l'Arizona, j'ai eu cette impression quelquefois d'entrer dans l'Amérique profonde. Au Japon ensuite, à serpenter sur les routes étroites entre deux montagnes luxuriantes, ou bien à traverser tel village silencieux, l'idée m'est venue à l'esprit que nous étions dans le Japon profond. C'est pourtant une expression qu'il faudrait fuir, d'un genre dont l'éthique du langage exige qu'on lui torde le cou. Et c'est une bien étrange idée de concevoir un pays dans sa profondeur, verticalement en un sens, comme on mesure un océan, ou un lac.

Hier encore pourtant, tandis qu'on filait sur un bateau au large du Baïkal, cette histoire de profondeur est réapparue. La surface du lac était d'huile, y reflétant l'ombre du ciel et des montagnes, mais, tandis qu'on s'éloignait des îles où se reposent ses phoques, le pilote du bateau, qui ne parlait pas anglais, m'a fait un signe de tête en pointant son doigt vers le bas. Puis il a pris son clavier de téléphone et il a écrit : 800. Ce n'était pas dur de comprendre qu'il y avait 800 mètres d'eau sous nos pieds, dès lors que la première chose qui vient quand on pense au Baïkal, la première chose qu'on sait sur lui, c'est qu'il peut atteindre plus de 1 500 mètres de profondeur en certains endroits. Et quoiqu'il me soit impossible de me représenter 1 500 mètres dans ce sens-là, vertical et sous-marin, je suis presque sûr que la proximité du Baïkal a redonné vigueur à ce mot-là de « profondeur ». Déjà dans le bus inconfortable qui nous en rapprochait, nous enfonçant d'heure en heure dans la taïga bouriate, traversant les alignements de plus en plus touffus de bouleaux, de sapins et de mélèzes, il y avait cet adjectif qui insistait, murmurant sans cesse qu'on allait là, oui, dans la Russie profonde.

J'ai beau accueillir l'expression avec toute l'ironie qui convient, il faut lui reconnaître ceci : qu'elle survient en certains lieux et pas en d'autres. Elle a ses terres arables et ses climats de prédilection. Après tout, on ne dira jamais de la place Rouge qu'elle est la Russie profonde, pas plus qu'on ne le dirait d'une autoroute ou d'un aéroport. Nous savons, quelque chose en nous sait, que la Russie profonde, comme la France profonde, a à voir avec le rural et même, peut-être, avec l'ancestral et le pastoral. La profondeur a ses marqueurs et elle demande pour la ressentir qu'on en coche toutes les cases.

D'abord, il faut y parvenir. En un sens, il faut y descendre. Dans le bus engagé sur les chemins de terre, dans la poussière du sable et les énormes nids-de-poule, dans le défaut des amortisseurs, nous savons que nous faisons cela sur le sol russe, nous plongeons verticalement parmi les forêts d'arbres, et chaque halte que fait l'autocar est une sorte de palier de compression qu'il faut respecter pour arriver à destination. À mesure qu'on descend dans les sous-sols de la Russie, les routes se dégradent, l'habitat se disperse. S'étoffent les branches des arbres, s'empoussièrent les vitres du car. La profondeur ne tolère pas le confort urbain ni les aires surpeuplées. Il n'y faut pas d'infrastructure de verre ni de béton, à peine quelques postes à essence sur de la terre battue. Il faut qu'il y règne le calme et le silence, peut-être même l'ennui. Il faut ensuite qu'on y vive plus modestement qu'ailleurs, plus typiquement même – tout pays profond prolonge l'imaginaire qu'il a lui-même fait naître.

Ainsi dans la France profonde, au cœur du bocage vallonné, un vieil homme en bleu de travail fume une gitane à l'ombre d'un platane, il se tient sous l'enseigne du café « Au bon accueil » tandis qu'en face, sur la place de l'église, deux adolescents ont garé leur mobylette près de l'arrêt de bus. Ainsi donc dans la Russie profonde, la silhouette massive d'un homme en treillis se détache sur une façade de bois sombre, se perd soudain dans la poussière d'un 4 × 4 qui vient de vrombir, tandis qu'un chien à demi errant aboie dans la rue déserte, au loin le son de la hache qui prépare déjà l'hiver. Au grand jeu de la profondeur, Oust-Bargouzine tient sa place, avec ses maisons de bois et ses rues sableuses, ses bains chauffants et sa scierie locale, le tout si isolé que les habitants ont l'air de vivre en autarcie.

Car il faut cela aussi au pays profond : un seuil maximum de nécessité, où les activités de ceux qui y vivent, outre de faire fonctionner comme partout l'école et l'hôpital et le commerce local, sont la chasse, la pêche et la coupe du bois – non que je cherche à dessiner ici une Arcadie sibérienne, encore moins un phalanstère fouriériste, mais il arrive que la rusticité matérielle des lieux, le confort suffisant qu'elle procure aussi vite, ait le don d'inquiéter nos usages et nos besoins véritables, plus encore leur inflation technique dans le dernier demi-siècle. Il y a, dans cette histoire de profondeur, quelque chose qui se déplace insensiblement de l'espace vers le temps : comme si les heures d'autocar, en plus de verticaliser l'espace, nous avaient ramenés loin en arrière, en un état préalable de la grande triade anthropologique « vivre habiter travailler ».

En Russie, on a souvent ce sentiment de faire un bond de quarante à cinquante ans en arrière, plus encore dans les campagnes ou bien le long des voies ferrées, quand on regarde défiler les longues palissades qui clôturent les jardins, qu'on croise les vieilles Lada qui pétaradent dans les rues abîmées, ou bien que le chauffeur du bus fume encore au volant. Peu importe à vrai dire qu'on puisse dater l'instant, pourvu qu'on en mesure l'écart avec ce qui serait notre présent à nous, c'est-à-dire, sinon notre quotidien, du moins notre environnement européen : celui des TGV et des Starbucks Café.

Bien sûr, il n'est pas besoin de venir jusqu'à Oust-Bargouzine pour mesurer ce grand riff des temps : nous avons nous aussi, entre deux lignes TGV, nos zones de recul et de vie rudimentaire ; elles pullulent dans le Perche ou l'Argoat, dans les Cévennes ou le Quercy, dans les Alpes ou l'Auvergne. La ruralité, si c'est l'autre nom de la profondeur, n'est pas l'apanage de la Sibérie. Mais s'ajoutent ici l'exotisme et l'immensité, et ces deux-là ont le don de rompre les liens avec la surface, c'est-à-dire avec les coordonnées du monde connu.

Sans doute aussi, si la sensation insiste et s'intensifie là, à Oust-Bargouzine, outre cette force de l'exotisme, c'est pour une autre raison, plus intime peut-être, liée au temps propre de notre voyage : qu'à force d'avancer lentement le long de cette ligne circulaire autour de la Terre, le temps qu'il a fallu pour se rendre là, à Oust-Bargouzine, finit lui aussi par se verticaliser – maintenant que nous avons dépassé les 80 jours de Jules Verne, nous entrons dans d'autres de ses titres, quelque chose comme *Vingt Mille Lieues sous les mers* ou, mieux encore, *Voyage au centre de la Terre*.

En réalité, nous avons commencé à descendre il y a longtemps, bien avant les quatre heures de bus donc, bien avant les soixante heures de train, avant même les trois jours de ferry et les vingt-cinq mille kilomètres accomplis. En réalité, retrouver la surface impliquerait de remonter quelque part en avril, où s'éclaire le souvenir, scintillant loin là-haut, du départ. Les durées s'accumulent et font effet sur nous. Les jours passés font comme des roches tièdes qui se superposent doucement. Il existe peut-être, quelque part dans les astres, une loi d'équivalence entre le temps du voyage et le sentiment de la profondeur, indifférente alors aux frontières qu'on traverse.

La profondeur de la Russie à Oust-Bargouzine comme celle du Baïkal en ses plus grandes failles, est celle de la Terre elle-même – la Terre profonde, faudrait-il dire.

La belle mesure de la Terre

Vu de chez nous, tout se ressemble, et se simplifie souvent à proportion de la distance. Les Japonais, par exemple, seraient toujours pressés – ce qui est faux. Les Russes sont austères et bougons. C'est déjà plus vrai, du moins cela peut souvent correspondre assez bien, j'en ai parlé dans un chapitre précédent, à la première confrontation avec une vendeuse de *produkty* ou un type derrière son guichet de gare. Mais il faut moduler : certes les Russes ne sont pas *a priori* souriants comme peuvent l'être les Japonais ou les Occidentaux, que pour cette raison ils considèrent d'ailleurs parfois comme assez hypocrites (pourquoi sourire à quelqu'un que l'on ne connaît pas ?), mais on a de plus le sentiment que cette vendeuse, ce guichetier, portent sur les épaules tous les drames et toutes les désillusions du petit peuple russe – qui n'a été, au cours de son histoire, épargné ni par les unes ni par les autres. Comme si un accablement collectif pesait sur le destin de chacun. Comme si les Russes avaient du mal à se projeter dans l'avenir, tant les perspectives sont limitées et le combat contre la bureaucratie épuisant et permanent – c'est du moins ce que me disait une étudiante à Irkoutsk, s'excusant en souriant de la fréquente absence de sourire chez ses compatriotes. Comme si leur indéniable conscience historique, soigneusement entretenue par tous les gouvernements à force de commémorations, d'anniversaires de victoires, de souvenirs glorieux, de millions de morts et d'héroïsmes divers, n'avait pour effet que de renforcer un syndrome que l'on trouve dans toute la littérature russe : celui de l'« homme de trop », qui définit un homme qui se sent étranger à son milieu, s'estime supérieur, ne sait à quoi employer ses aptitudes et s'abandonne à la lassitude, au scepticisme et à l'accablement. Concept qu'il suffirait d'élargir de l'homme au peuple tout entier : un « peuple de trop », qui s'estime dans son bon droit, mais incompris et mal aimé. Car, même si cela relève aussi du lieu commun (mais les lieux communs parfois témoignent d'un certain état de la vérité intrinsèque des comportements collectifs), les Russes, après un premier abord parfois peu engageant, s'ils sont souvent chaleureux, sensibles et généreux, sont surtout inquiets de savoir ce que vous, Européens, pensez de leur pays. Si vous l'aimez. Si vous n'avez pas eu peur d'y venir, vu tout le mal que l'on dit sur lui, chez nous en Occident. Il faut alors expliquer que, pour l'essentiel, la défiance qu'éprouvent certains provient d'une critique politique, et non d'un désamour du pays ou de ses habitants. Mais cela ne semble pas les tranquilliser. La Russie, il faudrait l'aimer ou la détester, tout d'un bloc, le paysan du coin et Poutine compris.

Sacha est pompier à Iekaterinbourg. C'est lui qui nous a posé la question de savoir si nous n'avions pas eu peur de venir en Russie vu toutes les horreurs qu'on débite sur son compte en Occident. Il a vingt-cinq ans et arrive de Novokouznetsk, où il est allé voir ses parents avec sa femme et son jeune fils de sept mois, Kyril. Comme le fera un peu plus tard le couple plus âgé qui aura pris leur place dans le compartiment, il nous propose de partager les victuailles qu'il a apportées – cornichons, tomates, nuggets, biscuits. Lors d'un arrêt prolongé sur le quai de la gare d'Ishim, trois jeunes types d'un autre wagon nous ont abordés, ayant appris (mais comment ?) que nous étions français. Ils pensaient que nous venions en Russie pour la Coupe du monde de football. Eux vont à Saint-Pétersbourg pour voir la demi-finale France-Belgique. L'un d'eux nous montre un document supposément top-secret et signé Poutine avec les résultats des confrontations à venir : une finale France-Russie avec victoire de la Russie, et un match pour la troisième place Belgique-Angleterre. Nous rions ensemble. Puis ils nous offrent des bières, denrée précieuse dans ce train, puisqu'il n'y a pas de wagon-bar, et qu'il est interdit de vendre de l'alcool dans les gares. Cependant on peut en trouver, du moins si on est russe. Un peu plus tôt, à Omsk, Sacha en avait déjà acheté deux bouteilles pour les partager avec nous lorsqu'il avait vu que nous n'avions pu nous procurer que de la *Baltika* à 0 %, seule « autorisée » sur les quais de gares. Nous avions trinqué discrètement, la porte du compartiment fermée. En Russie, beaucoup de choses sont interdites, sauf si on ne le sait pas, nous a-t-il dit – phrase que j'ai souvent entendue ici.

Quelques jours plus tard, dans le train entre Kazan et Nijni-Novgorod, Ioulia (la quarantaine) et sa fille Maria (treize ans, vive et dynamique, parlant un bon anglais) veulent tout savoir de la France, et surtout ce que nous pensons de la Russie, si nous l'aimons, bien sûr, si nous connaissons des mots russes, des prénoms, si nous avons lu Pouchkine, Tourgueniev, Dostoïevski,

Essenine, Tchekhov, vu des films russes, Tarkovski, Mikhalkov, Zviaguintsev… L'amour des Russes pour leur culture et leur littérature : encore un lieu commun, comme l'inquiétude du désamour, les règles dont chacun sait qu'elles sont régulièrement contournées mais dont on ne parle pas, les Français qui sont plutôt appréciés, la beauté insistante des jeunes femmes ou le sens du partage et de l'entraide. Certes, vu de chez nous, les simplifications, les approximations et les idées reçues sont la règle – mais il faut avouer que certaines, parfois, visent assez juste.

*

Lorsque, dans *Sodome et Gomorrhe*, le jeune Marcel goûte avec Albertine aux joies neuves de l'automobile, cela lui fait considérer différemment la géographie du monde connu et les distances entre les lieux. Tel promontoire dont l'accès relevait naguère d'une sorte de mystère, que le train contournait en respectant son isolement, et qu'on ne pouvait atteindre qu'à pied après quelques détours d'un chemin buissonnier, se révèle soudain, grâce à la magie de l'automobile qui se faufile partout, projeté dans un espace différent, qu'il devient possible de rejoindre d'un seul et même mouvement, « de sorte que cet emplacement, point unique, que l'automobile semble avoir dépouillé du mystère des trains express, elle donne par contre l'impression de le découvrir, de le déterminer nous-même comme avec un compas, de nous aider à sentir d'une main plus amoureusement exploratrice, avec une plus fine précision, la véritable géométrie, la belle mesure de la Terre ». Après trois mois de voyage, nous pourrions dire quelque chose d'à peu près similaire : certains lieux emblématiques, jusqu'alors parfaitement étanches les uns aux autres, isolés dans le mystère de leur unicité (Monument Valley, la Grande Muraille, le Pavillon d'or, la Cité interdite, Hiroshima, le lac Baïkal), ont fini par se toucher et par dessiner dans l'espace mental de nos géographies intimes une nouvelle géométrie qui, loin d'abolir les différences, les révèle et les rehausse selon une mesure inédite.

Vu de chez nous, tout se ressemble. La Sibérie a beau être une région précise, la plupart des gens désignent sous ce nom tout ce qui se situe, globalement, à l'est de l'Oural, c'est-à-dire à la fois la Sibérie elle-même, la Yakoutie, l'Extrême-Orient russe, la Bouriatie, la Primorié ou encore la Tchoukotka – il n'y a guère que le Kamtchatka, peut-être parce qu'il s'agit d'une péninsule, et l'île de Sakhaline, parce qu'il s'agit d'une île, qui semblent échapper à cet amalgame. Il en va de même pour les trains. On imagine souvent que seuls les transsibériens traversent la Sibérie. Or non : les transsibériens assurent la liaison Moscou-Vladivostok, mais les transmongoliens et transmandchouriens, qui relient Moscou à Pékin en empruntant le même itinéraire jusqu'à Oulan-Oude ou Tchita, soit sur plus de cinq mille kilomètres, avant de bifurquer vers le sud, la traversent tout autant. Comme le font bien d'autres trains, sur des trajets plus courts : ainsi avons-nous emprunté un Vladivostok-Novossibirsk (train 007NA) à partir d'Irkoutsk, puis un Novokouznetsk-Moscou (train 117NA) pour nous rendre de Novossibirsk à Kazan. Sur le quai de gare d'Agryz, sur le chemin de Kazan, en face de celui où notre train faisait un arrêt, était stationné le train Barnaoul-Moscou, qui part donc de l'Altaï et traverse lui aussi la Sibérie. Et il y en a bien d'autres, comme le fameux *BAM* (*Baïkal-Amour Magistral*), qui va de Taichet à Sovietskaya, sur la côte Pacifique, en contournant le lac Baïkal par le nord.

Tous ces trains, à peu près identiques avec leurs compartiments au confort sommaire, un samovar et un ou deux toilettes-lavabos par wagon dirigé, le mot n'est pas trop fort, par une *provodnitsa,* plus rarement un *provodnik*, font partie de la multitude de ceux qui composent l'immense réseau ferroviaire russe – notamment, et à proprement parler, le réseau *trans-sibérien*. Et tous, qu'on réunit souvent par commodité, le *BAM* excepté, sous le même vocable de « transsibérien », proposent, qui défilent à leurs fenêtres sur des milliers de kilomètres en une sorte de camaïeu vert toujours recommencé, un spectacle identique de forêts de bouleaux, de pins ou de mélèzes, de bouleaux à nouveau, de douces plaines ondulées, de rivières, marécages, fleuves et lacis de ruisseaux, de bouleaux encore et toujours, de bosquets de plumeaux blancs ou bruns, de quelques isbas isolées ou villages traversés – avec ces scènes domestiques qui viennent percuter l'œil qui file devant elles et qui, comme une caméra indiscrète, immobilise deux enfants tirant une carriole dans une rue ensablée, une vieille femme qui étend son linge, un jeune homme en marcel bleu qui débite du bois, une Lada et un vieux couple à moto qui attendent au passage à niveau, une fine silhouette en fichu blanc et robe à fleurs de dos dans son potager, un homme qui promène devant lui son ventre proéminent et nu derrière une haie d'épilobes, deux jeunes filles qui marchent en se tenant par la main, une assemblée de chiens courant dans la poussière, trois corbeaux sur une branche ; après quoi le village, le groupement d'isbas, se noient dans le camaïeu vert et ce sont à nouveau les bouleaux, qui n'en finissent plus d'aligner leurs troncs blanchâtres, parfois presque luminescents dans la lumière du soir.

Nos regards, en somme, se seront souvent perdus pendant ce voyage – cette longue traversée plutôt, cette circumambulation terrestre et maritime d'est en ouest dont nous sentons l'un et l'autre depuis quelques jours (depuis que la date du retour se calcule en jours et plus en mois) qu'elle touche à sa fin : ils se seront perdus dans les couleurs des terres et des mers, dans les bleus sans fin des océans, dans l'ocre, le vert pâle et le brun des plaines et des déserts américains, dans les nuances de verts parfois ponctués de rouge (des temples, des torii) du labyrinthe japonais, et dans tous les autres verts, hachurés du blanc fantomatique des forêts de bouleaux ou rehaussés du bleu sombre des lacs et des rivières, du grand corps russe qui s'étend de tout son long sur un bon quart du globe.

Regards perdus mais aussi scrutateurs, qui creusent le paysage comme la mémoire le temps rétrospectif du voyage, dont les premières étapes se fondent dans un lointain un peu flou qu'il nous faut convoquer avec force pour parvenir à le restituer dans la lumière pleine, quoique toujours aléatoire, du souvenir. Les motifs se répondent :

ce ne sont plus, comme il y a trois mois sur le premier navire, des hirondelles que nous suivons des yeux, mais soudain ici des sternes qui volètent au-dessus des marécages, lors de leur probable halte vers les rivages du nord ; plus des grandes plaines céréalières que nous traversons, mais de grandes étendues vierges parsemées de cultures modestes, de serres et potagers ; plus des montagnes plissées ménageant dans la verticalité de leurs recoins quelques labyrinthes végétaux dans lesquels nous pourrions nous égarer, mais de denses et horizontales forêts tout aussi labyrinthiques où nous nous perdrions de la même manière sans doute – les labyrinthes ouverts, disait en substance Borges, qui s'y connaissait, étant ceux dans lesquels il est le plus aisé de se perdre.

Les paysages se répondent, et le monde, qui pourrait s'unifier à force d'analogies (le Midwest et la Beauce, le Baïkal et les lacs scandinaves, les Alpes japonaises et les Alpes tout court), qui pourrait aussi perdre de son enchantement à mesure que nous l'arpentons au ras du sol, mètre après mètre depuis plus de trois mois, sans la magie du déplacement quasi instantané, parfois violent, que proposent d'autres moyens de transport, puise dans la lente découverte de ses micro-différences la variété paysagère qui fait sans doute défaut à notre itinéraire (rien de tropical, d'arctique ni d'équatorial) – une variété qu'aura densifiée le temps du déplacement, rythmée celui des brefs séjours ici et là, et qui fait que le monde, dans l'épaisseur de sa diversité, aura pris le temps d'infuser en nous, en même temps qu'il se complexifiait.

Le fil d'Ariane

Reprenons cette histoire de profondeur, du genre qui développe ses symptômes de vertige et d'ivresse, pour cette raison simple, biologique peut-être, que la durée du voyage a fini par nous déposer quelque part dans un temps trouble et presque indéfini, là où des courants tièdes et sous-marins semblent entremêler toutes les images accumulées. Voilà qu'après trois mois, il m'arrive de laisser défiler intérieurement le trajet effectué depuis notre départ, et c'est alors étrange de voir apparaître depuis ce fond narcotique, et comme en contre-plongée, le port de Marseille un jour d'avril, ou bien l'agitation de l'Atlantique, ou bien certaines lumières d'Amérique, aussi bien l'eau bleue du Pacifique et les vallées du Japon, de là jusqu'aux laminaires du Baïkal en passant par Shanghai et puis la Mandchourie.

Dans un chapitre précédent, j'essayais de dire comment certains lieux reculés risquaient d'augmenter ce sentiment de profondeur, le provoquer ou le renforcer : au bord du lac Baïkal, à l'ombre des pins sibériens, il est ainsi probable que nous ayons touché le fond de ce voyage, le vertige de son épaisseur, comme dans ce vieux bathyscaphe qui explore les fonds du lac et dont on peut reproduire virtuellement l'expérience dans le petit musée de Litsvianka : là, une jeune fille au chemisier tout droit sorti d'un film soviétique vous ouvre en souriant la porte jaune d'un faux sous-marin, écrit dessus « Baïkal diving », et vous invite à regarder par les hublots l'illusion d'une descente au fond du lac. Un petit écran noir et blanc fait office de profondimètre, de sorte qu'on sache que virtuellement, on y descend jusqu'à 1 637 mètres. Virtuellement, j'ai vu défiler devant moi tous les poissons du Baïkal, les phoques et les omouls et toutes les roches qui tombent en escalier vers l'obscurité, et tous les organismes qui ont décidé de vivre au fond des failles.

Assis sur mon siège devant ces faux hublots, je me disais que c'était ça aussi, la perception que j'avais désormais de ce voyage, des paliers éclairés du seul projecteur de la mémoire, laissant approcher par les vitres bleutées de l'œil intérieur autant de souvenirs-créatures se mouvant comme des visages déformés dans un film fantastique.

Par les hublots de cette vie mentale, je peux voir onduler la Grande Muraille de Chine et frémir les platanes de Shanghai, je peux voir la foule qui se presse au Pavillon d'or et le silence d'un thé dans un jardin de Kyoto, je peux voir les remous d'un cargo sur le grand Pacifique et les dauphins qui chassent à la surface des flots, je peux voir les lettres MEXICO écrites très gros à la frontière de Tijuana, les palmiers de San Diego pliant sous le vent fort et la chaleur pénible sur les aires d'autoroute en pleine Californie. Je peux voir l'abyssal Grand Canyon, et la poussière dansante de Monument Valley, le chien de Warren qui s'agite dans les rues de Boulder, puis le soleil qui tombe sur le lac Michigan, les magnolias qui s'agitent au bord de Central Park ou Manhattan invisible dans le brouillard d'avril, encore plus loin la salle des machines d'un porte-containers et l'escalier de fer qui se dresse face à nous dans le port de Fos-sur-Mer.

Tous ceux-là et mille autres, à travers l'eau sombre de la mémoire, font comme des micro-organismes qui passent devant la vitre que l'esprit diffracte et grossit, fait apparaître et disparaître à merci, selon les lois élastomères de la vie psychique. On ne se représente jamais assez « l'état fluidique du psychisme imaginant », écrivait Gaston Bachelard. Et le même Bachelard nous préviendrait volontiers des risques encourus, en quoi il ne faut pas abuser de la profondeur : elle se répand comme une vaste nuit dont il advient que le fil qui nous maintenait en relation avec la surface menace de se rompre, et alors c'en est fini de revenir un jour. Ce n'est pas ce que nous voulons, n'est-ce pas ? Nous voulons revenir.

À Novossibirsk la semaine dernière, tandis que nous évoquions notre voyage devant les membres de l'Alliance française, quelqu'un dans l'assemblée a fait référence au voyage d'Ulysse. Non pas que le nôtre s'y compare en la moindre de ses données, mais nous parlions justement de ce retour qui s'amorce, du sentiment que nous avions ces derniers jours de rentrer doucement à la maison. Or chacun sait que l'*Odyssée* est l'histoire d'un retour et aussi qu'il s'en fallut de peu qu'il n'eût pas lieu, à cause de tout ce qui menace Ulysse et l'empêche de rentrer, adversités ou tentations, cyclope ou déesse, et puis sirènes bien sûr, les plus dangereuses de toutes, capables de perdre quiconque en lui faisant oublier le but de son voyage.

Quant à moi, depuis le début je sais cela, que je suis parti dans la seule idée de rentrer, l'œil fixé sur ce moment lointain où, heureux comme

Ulysse d'avoir fait ce long voyage, je franchirai à nouveau le seuil de mon foyer. J'aime pour cette raison l'idée de la boucle que nous accomplissons, par quoi l'aller et le retour sc confondent à chaque pas. Mais comme Ulysse aussi, tout ce temps loin de chez soi, tout ce temps en haute mer en quelque sorte, laisse se murmurer cette sorte de chant dont je ne sais s'il est celui des sirènes mais assez entêtant pour que l'horizon narratif sur lequel je crois m'inscrire quelquefois vacille et m'étourdisse un peu : ces dernières semaines, j'ai ressenti cela, cette légère brume intérieure de mes propres repères, comme une apesanteur dont je ne saurais dire si elle est seulement agréable ou bien si elle ne me laisse pas un peu perplexe, assez du moins pour que mon œil se fixe plus ardemment vers devant.

Car il s'avère nécessaire, passé un certain seuil, de s'arrimer à la narration des jours à venir, comme Ulysse s'attache au mât de son bateau ou plus encore, comme Thésée saisit le fil au fond du labyrinthe. En guise de fil, le grand train russe qui file presque droit sur cinq mille kilomètres, le vieux et mythique transsibérien que nous empruntons depuis deux semaines est un allié de choix. Plus qu'un allié, il est à lui seul la configuration de l'esprit, sa géométrie secrète : à regarder passer les troncs blancs des bouleaux, je me demande si je suis autre chose que cette vitesse et cette scansion des gares dont je peine à déchiffrer le nom écrit en cyrillique. Je sais seulement que sur la carte de Russie, nous avons déterminé à l'avance tous les points par lesquels passent les droites qui pourront nous ramener chez nous, et qu'il est bon pour moi que ces lignes de trains qui traversent l'immense taïga sachent lui imposer les rudiments de la géométrie.

Notre trajet peut s'écrire en langage mathématique et les segments que nous avons définis, ceux-là mêmes qui se comptent en jours et nuits de train, sont clairement délimités par les quelques villes où nous avons décidé de faire halte, qui font aussi comme des paliers de décompression qu'il nous faut respecter pour remonter sans peine vers notre Ithaque à nous.

De ce point de vue, et pour filer une dernière fois la métaphore sous-marine, la Russie d'est en ouest propose sa série de paliers. Nous avons eu le temps d'en expérimenter la fine graduation, à la fois dans les jours entiers à regarder courir la campagne par les vitres du compartiment, à la fois en stationnant le temps qu'il faut dans ses principales villes, d'abord Irkoutsk puis Novossibirsk puis Kazan puis Nijni-Novgorod, enfin Moscou, partout voyant croître au fil des centres-villes ce qu'il convient de nommer les symptômes de l'Ouest, c'est-à-dire des vitrines de plus en plus internationales, un urbanisme de plus en plus familier, et puis la foule sur les trottoirs augmentant de ville en ville. Ainsi en est-il de la Russie, dont la population elle-même a choisi de se concentrer à l'ouest de son territoire, venue s'y enrichir et s'y urbaniser, tandis que dans l'Extrême-Orient russe, à Zabaïkalsk ou à Oulan-Oude, la densité de population est aussi faible qu'on se sent loin de tout. Dans l'Extrême-Orient russe, on dit même que si on fait un jour le voyage vers Moscou, on ne le refera jamais dans l'autre sens. Dans l'Extrême-Orient russe, Moscou est plus loin d'Irkoutsk que de Paris, appartenant à cet autre monde étanche et européen, à cette vie de la surface vers laquelle il me semble revenir – du moins si la surface pour moi, c'est bien cela : cette Europe urbaine et tempérée à laquelle je me sens appartenir, dont l'aire de jeu semble faite de capitales et de grandes gares de verre, de terrasses chauffées et de façades rénovées, dans laquelle au fond, de Berlin à Rome en passant par Paris ou Moscou, je me sens tout simplement comme un poisson dans l'eau.

C'est un autre enseignement du voyage, celui de l'appartenance, non pas forcément à un endroit précis mais à un milieu, un biotope en somme dont il serait difficile de se départir à jamais. Je le savais déjà, je ne le sais que mieux : je suis un Européen de l'Ouest, avec ses particularismes français (au compte desquels il faudrait mettre, entre deux grandes villes joyeusement arpentées, mon goût des vieilles pierres et des îles bretonnes), mais dont le territoire culturel, politique et géographique ne saurait être en-dessous de cette échelle qui va de Lisbonne à Stockholm, de Naples à Édimbourg, et de Brest à Moscou.

Lettre à un ami français

Novossibirsk, le 6 juillet.

Mon cher X.,

« Comme les hommes, écrit Giono quelque part, les pays ont une noblesse qu'on ne peut connaître que par la fréquentation amicale. Et il n'y a pas de plus puissant outil d'approche et de fréquentation que la marche à pied. » Le mot « pays » ne désigne évidemment pas ici un État-nation, mais une région, voire un coin de terre de dimensions assez réduites (j'ai un jour entendu un berger crier à ses chiens qui s'étaient laissé déborder par le troupeau de brebis : « Prenez tout le pays ! » – à savoir un flanc de colline). Mais quelles que soient les dimensions accordées à ce nom de « pays », il nous aurait été impossible, lors de cette circumambulation terrestre

et maritime, d'arpenter les lieux à pied. Je t'accorde qu'en fait nous aurions mathématiquement pu, du moins pour ce qui concerne les vingt-cinq mille kilomètres terrestres, à peu près, que nous nous apprêtions à parcourir. Mais cela aurait été un projet radicalement autre, issu d'autres envies, et surtout nécessitant infiniment plus de temps et de courage – un projet pour deux autres que nous.

L'idée à retenir, cependant, dans la phrase de Giono, est la lenteur inhérente au déplacement à pied, qui permettrait de mesurer physiquement, intimement, la géographie des lieux. Telle était, à une autre échelle, notre idée de départ : une certaine lenteur, fût-elle relative – des moyens de transport à vitesse humaine, *disons, qui n'effaceraient pas le paysage ni ne gommeraient les lieux traversés dans de flous, rapides et lointains camaïeux de bruns, de jaunes ou de verts.*

À Novossibirsk, nous avons rencontré un Français établi là-bas, Philippe T., qui m'a envoyé cet extrait d'un article paru dans un magazine : « De nombreuses études, dont celle de Schilling, Walsh & Yun (2011), démontrent en effet que notre amour du voyage serait traçable dans un gène, dérivé génétique du gène DRD4, impliqué dans le contrôle de la dopamine (neurotransmetteur relâché par le cerveau et associé à la sensation de plaisir – Lichter et al., 1993). Identifié comme DRD4-7R, ce gène baptisé “wanderlust gene” ou gène du voyage se caractériserait par un niveau de curiosité élevé, un goût du risque, une forte attirance pour la nouveauté, des capacités marquées pour la résolution de problèmes et une tolérance élevée au stress. » « Un niveau de curiosité élevé » : voilà qui vient peut-être résonner aussi avec la phrase de Giono, et sa « fréquentation amicale » des lieux. Car là encore, même si nous ne la formulions pas ainsi, telle pouvait être notre idée : parcourir ces mers et ces pays selon ce même principe, c'est-à-dire en une sorte de curiosité bienveillante, et animés d'un intense désir de compréhension.

Nous savons bien ce qu'on ne manquera pas de nous dire : « Voyager à l'extérieur ne vaut pas la contemplation intérieure. Ceux qui voyagent à l'extérieur ne peuvent découvrir que la surface des choses, ceux qui pratiquent la contemplation intérieure sont comblés dans leur être même. Ceux-là font le voyage suprême. » C'est au moment où nous nous sommes arrivés en Chine, où nous étions condamnés à rester, plus encore qu'ailleurs, « à la surface des choses », puisque nous n'y avons passé que peu de jours, et dans deux villes uniquement, Shanghai et Pékin, que j'avais lu ce passage du Traité du vide parfait, *de Lie Tseu. Je ne pouvais pas ne pas y voir comme un signe. Le « voyage suprême », intérieur, contemplatif, dont il est question, nous ne l'aurons donc probablement pas effectué – cela dit, en aurions-nous été capables ? Car c'est bien, au sens propre, à « la surface du monde » que nous entendions cheminer : au ras du sol, sans quitter terres ni mers. La contemplation, cependant, ne nous aura peut-être pas été totalement étrangère : pendant deux fois quatorze jours de mer, nous avons eu le temps de nous y adonner – selon nos maigres possibilités, certes, mais tout de même. Reste à savoir si elle est de même nature que celle dont parle Lie Tseu. J'en doute un peu. Sans doute nous faudra-t-il rééquilibrer, une fois que nous l'aurons terminé, le nomadisme de ces cent et quelques jours par des mois de sédentarité. En Touraine ou dans les Alpes, nous aurons nos ermitages à retrouver, où nous nous imaginerons peut-être taoïstes, tout en laissant le voyage infuser lentement en nous.*

Amitiés

LISTE DES ANIMAUX

3

Les grillons dans leurs cages de plastique vert, les criquets dans leurs boîtes transparentes, les poissons dans leurs mini-bocaux, les mainates, les chiens et les chats, pitoyables dans leurs cages minuscules, un vrai crève-cœur, au marché de Shanghai.

Une défense de mammouth, un crâne de rhinocéros laineux que nous tenons en main dans un petit musée d'Oulan-Oude.

Les bandes de chiens courant et jouant ensemble, langue pendante, dans les rues sablonneuses d'Oust-Bargouzine.

Les *nerpas*, phoques du Baïkal, se prélassant sur les rochers de l'île de Tonkij (une des îles Ouchkanni).

Les sternes arctiques tournoyant au-dessus des ruisseaux, des marécages, entre Novossibirsk et Kazan.

Les mouettes de la Volga sous le soleil couchant, entre Nijni-Novgorod et le monastère Makarievski.

Un moineau qui vient nous picorer dans la main à Riga.

LA COUPE DU MONDE

16 juin, Kazan, France-Australie 2-1. Buts pour la France : Griezmann (51e mn), Behich (81e, c.s.c.). But pour l'Australie : Jedinak (62e).

Ce jour-là nous sommes sur le ferry Osaka-Shanghai. Mer assez calme. Cabine tout confort, avec télévision. Le match est assez décevant, avec des Français pataluds qui gagnent in extremis grâce à un but-raccroc de Pogba – un tir dévié par un joueur australien à qui il est attribué. Nous ne donnons pas cher de cette équipe de France.

21 juin, Ekaterinbourg, France-Pérou 1-0. But pour la France : Mbappé (34e).

Le 21 juin nous arrivons à Pékin. Le matin, Cité interdite, sous une chaleur accablante. En fin de journée, rencontre à l'Alliance française. Le soir, restaurant yunannais, avec David, de l'ambassade, Rouslan, un Français qui vit depuis quinze ans en Russie, physique à la Kool Shen, et Valérie, Française de Landernau qui ressemble à une Russe. À 23 heures, le match. Un peu meilleur que le premier, mais pas de quoi nous enthousiasmer.

26 juin, Moscou, France-Danemark 0-0.

Le 26 juin, arrivée à Oulan-Oude. Chargés de nos sacs et valises, nous nous perdons autour de la gare, partons dans la mauvaise direction, rencontrons un type serviable qui nous indique le tramway à prendre, le suivons, descendons avec lui, marchons ensemble un moment, suivons ses indications, nous dirigeons vers l'hôtel – pour nous rendre compte, une fois arrivés, que nous nous sommes trompés : ce n'était pas la bonne réservation – nous avions changé d'hôtel peu avant le départ. Demi-tour donc et, plan à la main, toujours avec sacs et valises, nous rejoignons enfin notre hôtel, tout près de la place Sovietskaya où trône la tête de Lénine, et devant lequel nous étions passés tout à l'heure. Nous y voyons l'affligeant France-Danemark, sans buts, sans spectacle et sans jeu.

30 juin, Kazan, 8e de finale : France-Argentine 4-3. Buts pour la France : Griezmann (13e), Pavard (57e), Mbappé (64e, 68e). Buts pour l'Argentine : Di Maria (41e), Mercado (48e), Agüero (90e + 3e).

Après trois jours passés à Oust-Bargouzine, sur la rive orientale du Baïkal, nous sommes de retour à Oulan-Oude, dans le même hôtel. Le soir, nous assistons au match, non dans notre chambre mais au bar, en compagnie de Robert, un Allemand d'environ trente-cinq ans, informaticien en congé sabbatique rencontré à Oust-Bargouzine, et avec qui nous étions allés voir les nerpas sur une île du Baïkal. Robert n'assiste qu'au début du match avec nous : ensuite il a un rendez-vous galant avec une Russe qu'il a rencontrée la veille. À la mi-temps, la France est menée, et nous nous disons qu'après l'élimination de l'Allemagne, lui et nous en serons au même point. Pourtant, dans le même temps, nous sommes plutôt confiants. Le match terminé, enthousiastes, nous nous disons que cette équipe de France est finalement assez forte, et qu'elle pourrait bien aller en finale. Laquelle se dispute à Moscou le 15 juillet à 18 heures. Or ce jour-là, nous sommes supposés quitter Moscou à 17 heures. Nous décidons de modifier le billet de train.

6 juillet, Nijni-Novgorod, quart de finale : France-Uruguay 2-0. Buts : Varane (40ᵉ), Griezmann (61ᵉ).

Le 6 juillet nous sommes à Novossibirsk. Arrivés le matin à 5 h 30. Nous passons la journée avec deux jeunes femmes de l'Alliance française, Deborah, vingt-cinq ans, qui vit ici depuis six mois, auparavant à Wuhan, en Chine, et avant encore au Japon, et Elena, une Russe qui suit des cours à l'Alliance – puis nous rejoint Philippe, un Français qui organise voyages et séjours dans la région de l'Altaï, jadis marié à une Russe, dont il a une fille de quatre ans. Rencontre en fin d'après-midi dans un café. Assistance presque exclusivement féminine, comme souvent. Dîner avec Philippe, Elena et une de ses amies, non francophone, qui écrit des poèmes directement en anglais. Le soir tard, match à l'hôtel. Cette équipe ira en finale, nous en sommes certains. Nous avons converti le billet de train Moscou-Riga du 15 juillet à 17 heures en ticket de bus, même jour à 21 heures.

10 juillet, Saint Petersbourg, demi-finale : France-Belgique 1-0. But : Umtiti (51ᵉ).

Le 10 juillet nous sommes à Nijni-Novgorod, où quatre jours plus tôt la France s'est qualifiée pour les demi-finales – ses rues courbes, ses collines, ses recoins, ses maisons de bois à la sibérienne qui, comme à Irkoutsk, s'enfoncent dans les rues. Nous visitons le Kremlin qui surplombe la Volga et la confluence avec l'Oka, moins beau que celui de Kazan. Balade dans les rues, ville assez plaisante. Belles fresques dans les églises, notamment la toute petite église Saint-Nicolas, dans laquelle nous nous abritons de la pluie. Le soir nous voyons le match à l'hôtel. Les Belges l'ont mauvaise, mais s'ils ont davantage monopolisé le ballon, les occasions ont plutôt été françaises, et les tirs au but bien plus nombreux de la part des Français.

15 juillet, Moscou, France-Croatie 4-2. Buts pour la France : Mandzukic (18ᵉ, c.s.c.), Griezmann (38ᵉ), Pogba (59ᵉ), Mbappé (65ᵉ). Buts pour la Croatie : Perisic (28ᵉ), Mandzukic (69ᵉ).

En fin de journée, Natacha nous accompagne jusqu'à Toucheskaya, au nord de Moscou, où se trouve la gare routière. Là, dans une sorte de pub au milieu de barres d'immeubles, nous voyons la finale en compagnie de jeunes gens – assistance aussi féminine que masculine. Dominés au début, transparents, les Français souffrent en première mi-temps et mènent au score de façon tout à fait illogique. Mais en deuxième mi-temps ce sont les Croates qui craquent. Nous n'avons pas le temps de voir les joueurs soulever la coupe sous l'orage – qui ne frappe que le sud de Moscou, où se trouve le stade, pas le nord où nous sommes : notre bus part immédiatement après le match. Au café, dans le bus, les gens nous félicitent chaleureusement.

Europe

Auschwitz, Europa

C'est à croire qu'on fut mentalement séquencés : nous n'avons pas pris le moindre bus pour nous déplacer jusqu'alors sur toute la surface de la terre et voilà qu'on parcourrait les trois mille derniers kilomètres en autocar, soit précisément 55 heures en cinq jours et répartis comme suit : Moscou-Riga, 14 heures. Riga-Cracovie, 18 heures. Cracovie-Paris, 23 heures.

Dans le premier d'entre eux, qui nous mène de Moscou à Riga en cette nuit du 15 juillet, tandis que la France vient de remporter la Coupe du monde de football, on aurait presque le sentiment d'être déjà rentrés, que le chemin qui nous reste à faire à travers l'Europe est comme un épilogue, tandis que le grand récit de notre voyage serait déjà clos. Derrière nous sont les vastes espaces, derrière nous les cargos et l'exotisme des trains, derrière nous le sentiment horizontal et comme cartographique du monde. À ce pressentiment du retour contribue fort aussi la familiarité croissante des lieux et des villes qu'on traverse, à cause des mêmes zones commerciales, des mêmes boulevards périphériques, des mêmes marques de voitures et puis, plus encore, à Riga par exemple, les mêmes vieilles rues piétonnes qu'on trouverait à Madrid, Montpellier ou Édimbourg. Et n'était l'étrange langue nationale qui résiste tant bien que mal à l'envahisseur, la Lettonie tout entière apparaît comme la province d'un ensemble plus grand qui s'appelle l'Europe et dont l'unité quasi domestique saute plus encore aux yeux quand on arrive d'ailleurs.

Pourtant, c'est bien une question que nous n'avons pas résolue, ni à Riga ni à Berlin ni dans les plaines de Pologne, de vraiment savoir d'où vient ce profond sentiment d'unité européenne, à savoir : de toutes ces ressemblances objectives qu'on peut facilement énumérer, ou bien aussi de cette projection politique et en cela configurante d'une Histoire qui nous aura bercés, nous, notre génération, depuis les années 80, au point que par exemple nos parents ou grands-parents, issus d'une Histoire plus nationale, ne puissent autant que nous le ressentir ? Une chose en tout cas semble certaine : malgré toutes les suspicions et les replis souverainistes des vingt dernières années, il suffit d'ouvrir les yeux à l'entrée de Cracovie pour être sûr que cette fois, on est bien à Rennes, à Pise ou à Alicante ; dans la zone commerciale qui entoure la ville, hors des pierres muséales des vieilles places, s'alignent Conforama, Décathlon, Ikea et Leroy-Merlin. « Il doit venir une époque, écrivait Benjamin Constant en 1819, où le commerce remplace la guerre. Nous sommes arrivés à cette époque. » Au vu des deux cents ans qui suivirent, on peut dire que Benjamin Constant s'est radicalement trompé. Et l'on peut plutôt craindre que vienne une époque où la guerre, à nouveau, remplacera le commerce, attendu que le sursaut d'humanisme qui fut au fondement de l'Europe moderne semble prendre chaque année sa dose de plomb dans l'aile.

Sur le chemin qui mène de Moscou à Paris, s'il y a un endroit où on se sent plus européen encore, ce n'est pas à Riga ni à Vilnius ni dans le centre historique de Cracovie, mais dans le gouffre même de notre continent, dans l'endroit qui précisément justifia en 1945 un changement radical de paradigme, à trente kilomètres de Cracovie – à Auschwitz-Birkenau. La dernière station de notre voyage fut celle-là, le camp d'Auschwitz-Birkenau. Et ce n'est pas exagérer que dire qu'à venir là, on croit saisir le fil de l'Histoire, comme si on se trouvait soudain au cœur du réacteur, celui, précisément, de notre Europe renvoyée à l'évidence noire de son vortex.

Aussi, le plus troublant, c'est d'abord cela : se lever un matin et aller visiter Auschwitz, comme aussi bien on est allés quelques semaines plus tôt visiter la Grande Muraille de Chine ou le Pavillon d'or. 18 juillet 2018 : Auschwitz est l'excursion du jour. Auschwitz s'inscrit au registre des pages qu'on feuillettera dans le grand album de notre voyage. Pour aller à Auschwitz, on achète des tickets sur Internet. On compare les forfaits. On se rend au lieu d'où part la navette. On roule. On se gare sur un grand parking. On sait bien que quelque chose n'est pas comme d'habitude mais on ne sait pas dire quoi. De toute façon, on ne parle pas beaucoup. On y va, c'est tout. On passe les contrôles de sécurité et puis on entre, c'est-à-dire on marche un peu sur le sol humide en ce matin pluvieux, et on passe sous le portail de fer. C'est sans doute là, devant les bâtiments de brique rouge alignés, devant les barbelés silencieux, qu'on comprend que ça n'a rien à voir avec une excursion, quand sur le sol même, sur l'herbe terriblement verte, la pensée tombe, la respiration se fait courte, quelque chose fait rupture et se suspend – le temps lui-même.

Nous avons choisi de ne pas avoir de guide. Pas de soutien narratif, pas de silhouette ni de voix à laquelle se tenir mais la déambulation libre, aiguillés plus ou moins par la scénographie des traces. Car il y a cela, des traces. On pense qu'il n'y a rien à Auschwitz. Ce n'est pas vrai. Il n'y a pas rien. Il y a des cheveux. Des montagnes de cheveux. Il y a des lunettes. Des montagnes de lunettes. Il y a des valises. Des montagnes de valises. On regarde cela, on s'efforce de regarder cela, puis on détourne la tête, on regarde la lumière dehors, le ciel gris. Mais le ciel lui-même n'est plus le ciel – seulement du gris.

Dans le camp-musée d'Auschwitz, il n'y a pas vraiment de parcours à suivre. La seule carte véritable est celle du temps qu'on y passe, par lequel se soulève au fil des minutes le cœur noir des lieux dont on sent bien qu'en se penchant sur sa poitrine, nous l'entendons battre encore. Seulement, il est impossible de discerner, de ce battement, s'il est celui du monstre ou bien de ses victimes, pris ensemble dans ce qu'on ne sait pas trop nommer – la gangue du désastre ? Et ce désastre lui-même nous est étrangement familier.

Quelque chose, c'est certain, court sous la terre et maintient la chose ouverte à la surface de nous. Est-ce de déposer aussi vite au pied des barbelés le poids des deuils lus ? Est-ce d'entendre murmurer là Primo Levi, Charlotte Delbo ou la poésie de Paul Celan ?

À Birkenau, à trois kilomètres d'Auschwitz, des gens se prennent en photos sur les rails, devant la gare tout en longueur : peut-être leurs parents, aïeux, bisaïeux, y sont morts. Juste à côté du camp il y a des maisons, des villas. Birkenau était autrefois un village, détruit par les nazis pour construire le camp. Après la guerre, certains de ceux qui habitaient là, qui étaient nés là, dont les ancêtres étaient enterrés là, ont décidé de revenir et ils ont construit des maisons autour du camp. De la même manière qu'il y a, dans la petite ville d'Auschwitz, des supermarchés, des dentistes, des coiffeurs, des écoles et des restaurants, il y a à Birkenau des gens qui tous les jours voient de leur pelouse tondue l'étendue verte et grise, avec tout au fond les débris conservés des chambres à gaz. Mais il est probable qu'ils ne les voient pas – ils ne peuvent pas les voir. Une part de leurs souvenirs se trouve dans un passé lointain, un autre dans le présent, et rien entre les deux. Pour eux, sans doute, le temps s'est plié – et ça n'a aucun sens.

Bien sûr nous repartirons. Nous remonterons dans la navette et nous reprendrons pied dans le cours du temps. Même, nous oublierons. On aurait pu redouter que cette dernière journée écrase toutes les autres, qu'elle abîme, au sens propre, les cent jours de notre voyage, en réalité non. En réalité, en quittant Auschwitz, il semble qu'on puisse entendre, plus suppliante et plus aimante encore, la phrase de François Villon : « Frères qui après nous vivez… »

À propos de cette phrase, un commentateur a fait remarquer que sa folie, son génie, c'était d'avoir choisi un présent au lieu d'un futur, d'ainsi faire résonner le passé en une coexistence des temps d'autant plus fraternelle. Le souvenir d'Auschwitz est de cet ordre : il continue de trouer le présent et il lui demande de maintenir ouverte sa brèche pour fabriquer notre monde. Or c'est cette coexistence même qui menace aujourd'hui de s'effacer. Nous-mêmes, nous avons résisté longtemps à écrire à propos de cette visite, comme si quelque chose nous disait « ce n'est pas votre histoire, vous n'avez pas le droit d'en parler ». Mais c'est notre histoire. Et elle ne nous demande pas plus de nous taire qu'elle ne nous interdit de vivre, de voyager, d'aimer ou de rire. Elle nous demande seulement de garder une réserve d'ombre et de ne jamais préjuger du caractère acquis de la lumière.

Épilogue

Ce soir, dans le bus Cracovie-Paris, tandis que depuis plus de trois mois nous filons plein ouest, encore et toujours plein ouest, embrassant d'un regard mental la rotondité de la Terre, la boucle en train de se boucler, toujours courant à faible allure, dans la certitude de son inaccessibilité, derrière ce soleil qui cent fois aura devant nous plongé dans les mers, les océans, derrière les montagnes, les lacs et les forêts, et cent fois sera réapparu dans notre dos, pour nous dépasser et nous entraîner à sa suite – ce soir, dans le bus Cracovie-Paris, pour peu qu'on ferme les yeux, quelques images finissent par surgir : la nageoire caudale d'une baleine qui s'enfonce dans les eaux atlantiques ; la terrasse chez Tom et Valerie qui ouvre sur Jersey City, Hoboken, le sud de Manhattan et l'embouchure de l'Hudson River ; nous deux à vélo dans Madison Avenue ; les canyons du Colorado avec Warren et Marie ; les roches et les ocres spectaculaires de Monument Valley ; une scène du *Sunchaser* de Cimino vue sur un téléphone ; une bière au soleil couchant sur le pont du *Tigris*, quelque part sur le Pacifique ; l'arrivée à l'aube dans la baie de Yokohama aux collines ourlées de brume ; les dîners préparés à Tokyo par Akira et Michèle ; un cimetière perdu dans les Alpes japonaises ; le dur musée d'Hiroshima ; l'île fantôme de Gunkenshima ; les platanes de Shanghai ; une vendeuse de souvenirs au point le plus haut de la Grande Muraille ; les fleuves, les lacs, les forêts, les belles immensités russes après la frontière chinoise ; la lumière sur les crêtes des vagues du Baïkal à Oust-Bargouzine ; le bateau sur le lac, l'eau que nous y avons bue et l'œil noir des nerpas ; les isbas enfoncées dans les rues d'Irkoutsk ; les bouleaux blanchâtres du transsibérien ; les escaliers et les collines de Nijni-Novgorod ; un arc-en-ciel sur la Volga et des familles en goguette ; les fresques du monastère Makarievski ; les soirées avec Christel et Natacha à Moscou, les églises de Cracovie, les barbelés d'Auschwitz ; le bus nommé Sindbad.

Peut-être, en guise de conclusion, il n'y a rien d'autre à faire qu'une liste, ouverte aux soulèvements de la mémoire, à la souplesse qu'elle continue de déployer quelques mois plus tard quand désormais rentré chacun dans l'ordinaire de nos jours, tout continue de nous sembler si proche, si contigu et au sens propre, si utopique – non que nous l'aurions rêvé, mais toute cette horizontalité qu'il nous fut donné d'éprouver, cette démocratie désormais des heures et des souvenirs, ne fut aussi rendue possible que par le mouvement continu et comme flottant, sur terre et sur mer, qui semble nous avoir portés cent jours durant, en cette sorte d'arpentage contemplatif, sans lieu ni frontière véritable, et qui a fini par rendre cette partie de la Terre presque familière. Ne pas prendre l'avion aura aussi créé cela, un abandon quasi végétal à l'espace, tissant avec le sol une sorte de lien organique et comme de pure matière, dont notre esprit lui-même, si souvent, a eu l'air de naître et de procéder. En cela, ce livre ne se voudrait pas autre chose qu'une énième production de la plus ancienne expérience de la vie sur terre, à savoir : une photosynthèse.

Ouvrages cités

Robert Louis Stevenson, *Voyage avec un âne dans les Cévennes*, trad. Léon Bocquet, GF-Flammarion, 1991.

Walter Benjamin, *Images de pensée*, trad. Jean-François Poirier et Jean Lacoste, Bourgois, 1998.

Henry D. Thoreau, *De la marche*, trad. Thierry Gillybœuf, Mille et une nuits, 2003.

Elias Canetti, *L'Autre Procès*, trad. Lily Jumel, Gallimard, 1972.

Franz Kafka, *L'Amérique*, trad. A. Vialatte, Gallimard, « Folio », 2000.

Keith Basso, *L'eau se mêle à la boue dans un bassin à ciel ouvert*, trad. Jean-François Caro, Bruxelles, Zones sensibles, 2016.

Sébastien Ortiz, *Fantômes à Calcutta*, Arléa, 2009.

Yoko Tawada, *Train de nuit avec suspects*, trad. Bernard Banoun et Ryoko Sekiguchi, Verdier, 2005.

Anton Tchekhov, *L'Amour est une région bien intéressante. Correspondance et notes de Sibérie*, trad. Louis Martinez, Cent pages, 2012.

Ouvrages cités

Vassili Axionov, *Une saga moscovite*, trad. Lily Denis, Gallimard, « Folio » 1998.

Gaston Bachelard, *L'Air et les Songes. Essai sur l'imagination du mouvement*, Corti, 1987.

Jean Giono, *Manosque-des-Plateaux*, Gallimard, « Folio », 2017.

Lie Tseu, *Traité du vide parfait*, trad. Jean-Jacques Lafitte, Albin Michel, 1997.

Benjamin Constant, « De la liberté des anciens comparée à celle des modernes », in *Écrits politiques*, Gallimard, « Folio Essais », 1997.

Remerciements, salutations et amitiés

Charlotte et Karina (Lattès)
Morgane (Mer & voyages)
Jean-Claude et Tobias (cargo Fos-NY)
Valerie et Tom (New York)
Marie et Warren (Boulder)
Raphaëlle et Brian (Flagstaff)
Marie (Salton Sea)
Irving (cargo Ensenada-Yokohama)
Michèle et Akira (Tokyo)
Christina et Eric (Kyoto)
Meijie (Shanghai)
Robert, David, Paul, et Samuel (Shanghai, Pékin)
Robert (Oust-Bargouzine)
Elisa (Irkoutsk)
Deborah, Elena et Philippe (Novossibirsk)
Christel et Natalia (Moscou)

Table des matières

Travelling

Pacifique

Japon

Chine

Russie

DU MÊME AUTEUR

CHRISTIAN GARCIN

Vidas
suivies de Vies volées
Gallimard, 1993
« Folio », n° 4494

L'Encre et la Couleur
Gallimard, 1997

Vies volées
Climats, 1999
Flammarion, « GF », n° 346

Rien
Champ Vallon, 2000

Les Cigarettes
L'Escampette, 2000

Une odeur de jasmin et de sexe mêlés
Flohic, 2000

Le Vol du pigeon voyageur
Gallimard, 2000
et « Folio », n° 3680

Une théorie d'écrivains
Théodore Balmoral, 2001

Itinéraire chinois
Une énigme
L'Escampette, 2001

Sortilège
suivi de Cinq jours et une éternité
Champ Vallon, 2002, 2014

Du bruit dans les arbres
Gallimard, 2002
et « Folio », n° 4134

Lexique
L'Escampette, 2002

Fées, diables et salamandres
Champ Vallon, 2003

Pierrier et autres poèmes
L'Escampette, 2003

Labyrinthes et Cie
Verdier, 2003

L'Embarquement
Gallimard, 2003
et « Folio », n° 4311

Piero ou l'Équilibre
L'Escampette, 2004

La Jubilation des hasards
Gallimard, 2005

La neige gelée ne permettait que de tout petits pas
Verdier, 2005

Pris aux mots
Lexique deux
L'Escampette, 2006

J'ai grandi
Gallimard, 2006

Le Scorpion de Benvenuto
et autres textes
L'Escampette, 2007

L'Autre Monde
Verdier, 2007

À Budapest
Circa 1924, 2007

L'Art de la natation subaquatique
Marguerite Waknine, 2008

Du Baïkal au Gobi
L'Escampette, 2008

La Piste mongole
Verdier, 2009
et « Points », n° P3195

Carnets japonais
L'Escampette 2010

Circé ou Une agonie d'insectes
(illustrations de Philippe Favier)
Cadex, 2010

Des femmes disparaissent
Verdier, 2011
et « Points », n° P3320

Au bord du lac Baïkal
et autres récits animaliers de Chen Wanglin
L'École des loisirs, 2011

Le Minimum visible
(photographies de Christian Garcin
textes de Stéphane Audeguy, Arno Bertina, Eric Faye, et al.)
Le Bec en l'air, 2011

Quand j'étais écrivain : fantaisie
(avec Pierre Autin-Grenier)
Finitude, 2011

En descendant les fleuves
Carnets de l'Extrême-Orient russe
(avec Éric Faye)
Stock, 2011
et « J'ai lu », n° 10538

Les Papillons de la Lena
et autres récits animaliers de Chen Wanglin
L'École des Loisirs, 2012

Borges, de loin
Gallimard, 2012

Les Nuits de Vladivostok
Stock, 2013

Ienisseï
suivi de Russie blanche
Verdier, 2014

Jibé
Arléa, 2014

Carnets d'Orient
L'Escampette, 2014

Selon Vincent
Stock, 2014
Actes Sud, 2017

L'Étrange Sérénité des fonds marins
Circa 1924, 2014

La Loi des bêtes
Les éditions du chemin de fer, 2015

Vétilles
L'Escampette, 2015

Le Lausanne-Moscou-Pékin
1913-2013
La Baconnière (Suisse), 2015

Entrer dans des maisons inconnues
Finitude, 2015

Les vies multiples de Jeremiah Reynolds
Stock, 2016

La perspective du condor
L'école des loisirs, 2016

Les oiseaux morts de l'Amérique
Actes Sud, 2018

Poèmes américains
Finitude, 2018

Borges, de loin
Arléa, 2018

Dans les pas d'Alexandra David-Néel.
Du Tibet au Yunnan,
(avec Éric Faye)
Stock, 2018
et « Points », n° P4992

TANGUY VIEL

Le black note
Minuit, 1998

Insoupçonnable
Minuit, 2006

L'absolue perfection du crime
Minuit, 2006

Paris-Brest
Minuit, 2009

Cet Homme-là
Desclée De Brouwer, 2011

La disparition de Jim Sullivan
Minuit, 2013

Article 353 du Code pénal
Minuit, 2017

Cinéma
Minuit, 2018

Icebergs
Minuit, 2019

RÉALISATION : NORD COMPO À VILLENEUVE-D'ASCQ
IMPRESSION : CPI FRANCE
DÉPÔT LÉGAL : JUIN 2020. N° 145029 (3038507)
IMPRIMÉ EN FRANCE

Collection Points Aventure

Pour aller plus loin :

Site Internet : www.points-aventure.com
Page Facebook : @pointsaventure

P68. Leurs mains sont bleues, *Paul Bowles*
P456. Traité du zen et de l'entretien des motocyclettes *Robert M. Pirsig*
P607. Besoin de mer, *Hervé Hamon*
P683. Balkans-Transit, *François Maspero (photographies de Klavdij Sluban)*
P1322. Mésaventures du paradis. Mélodie cubaine *Érik Orsenna (photographies de Bernard Matussière)*
P1524. Retour dans la neige, *Robert Walser*
P1557. La Colline des anges. Retour au Vietnam (1972-1992) *Jean-Claude Guillebaud, Raymond Depardon*
P1558. La Solitude heureuse du voyageur, *précédé de* Notes *Raymond Depardon*
P2110. Tabarly, *Yann Queffélec*
P3024. Avant la dernière ligne droite, *Patrice Franceschi*
P3025. Boréal, *Paul-Émile Victor*
P3026. Dernières Nouvelles du Sud, *Luis Sepúlveda (photographies de Daniel Mordzinski)*
P3027. L'aventure, pour quoi faire ?, *collectif*
P3069. La Pointe du couteau, *Gérard Chaliand*
P3126. Le Regard du singe, *Gérard Chaliand, Patrice Franceschi, Sophie Mousset*
P3192. La Mort suspendue, *Joe Simpson*
P3193. Portrait de l'aventurier, *Roger Stéphane*
P3233. Aventures en Guyane. Journal d'un explorateur disparu *Raymond Maufrais*
P3290. Mes Vies d'aventures. L'homme de la mer Rouge *Henry de Monfreid*
P3291. Cruelle est la terre des frontières. Rencontre insolite en Extrême-Orient, *Michel Jan*
P3314. Le monde comme il me parle, *Olivier de Kersauson*
P4041. Clipperton. L'atoll du bout du monde *Jean-Louis Étienne*
P4042. Banquise, *Paul-Émile Victor*
P4090. Pianotrip. Tribulations d'un piano à travers l'Europe *Lou Nils et Christophe Clavet*

P4091. Don Fernando. Le seigneur de l'Amazone
Fernand Fournier-Aubry
P4132. À la recherche de mon fils. Toute une vie sur les traces d'un explorateur disparu, *Edgar Maufrais*
P4133. Un long printemps d'exil. De Petrograd à Saigon. 1917-1946, *Olga Ilyina-Laylle, Michel Jan*
P4193. À la recherche de Livingstone, *Henry Morton Stanley*
P4194. Eiger, la dernière course, *Joe Simpson*
P4277. Croquis de voyage, *Joseph Roth*
P4278. Aller voir ailleurs. Dans les pas d'un voyageur aveugle
Jean-Pierre Brouillaud
P4377. Persévérer. On ne repousse pas ses limites, on les découvre
Jean-Louis Étienne
P4378. Aventures au Mato Grosso, *Raymond Maufrais*
P4418. De l'esprit d'aventure, *Gérard Chaliand, Patrice Franceschi, Jean-Claude Guilbert*
P4446. Laissé pour mort à l'Everest, *Beck Weathers, avec Stephen G. Michaud*
P4447. Les Fleuves immobiles, *Stéphane Breton*
P4498. Le Sur-vivant, *Reinhold Messner*
P4499. Paul-Émile Victor. J'ai toujours vécu demain
Daphné Victor, Stéphane Dugast
P4557. L'Aventure, le choix d'une vie, *collectif*
P4558. Une saison de chasse en Alaska, *Zoé Lamazou et Victor Gurrey*
P4559. Mémoires *suivi de* Journal de guerre, *Roland Garros*
P4603. La vie que j'ai choisie, *Wilfred Thesiger*
P4669. Inventer sa vie, *Jean-Louis Étienne*
P4690. Trois Ans sur la dunette. À bord du trois-mâts «La Boudeuse» autour du monde, *Patrice Franceschi*
P4740. J'ai épousé l'aventure, *Osa Johnson*
P4741. Une femme chez les chasseurs de têtes, *Titaÿna*
P4790. Premières Expéditions. Quatre du Congo & Terre farouche
Patrice Franceschi
P4791. Grandes Traversées. Qui a bu l'eau du Nil & Raid papou
Patrice Franceschi
P4871. Sur la route 66, *Stéphane Dugast, Christophe Géral*
P4892. Baïkal-Amour, *Olivier Rolin*
P4915. En radeau sur l'Orénoque, *Jules Crevaux*
P4992. Dans les pas d'Alexandra David-Néel. Du Tibet au Yunnan
Éric Faye, Christian Garcin
P5017. Des nuages plein la tête. Un pâtre en quête d'absolu
Brice Delsouiller
P5061. Seul à travers l'Atlantique, *Alain Gerbault*
P5062. La Terre magnétique, *Édouard Glissant*
P5063. Dans mes pas, *Jean-Louis Étienne*

P5064. Raga. Approche du continent invisible
Jean-Marie Gustave Le Clézio
P5165. Aux confins de l'Eldorado. La Boudeuse en Amazonie
Gérard Chaliand
P5202. Titayna : l'aventurière des années folles
Benoît Heimermann
P5203. La Mer pour aventure, *Collectif*
P5204. Lawrence d'Arabie. Le désert et les étoiles
Flora Armitage
P5205. Travelling. Un tour du monde sans avion
Tangy Viel, Christian Garcin
P5166. Vivre libre, *Henry de Monfreid*

POINTS AVENTURE

Un esprit de liberté

L'aventure, pour quoi faire ?

Patrice Franceschi, Collectif

L'aventure est-elle ouverture aux rencontres, à l'altérité ? Goût de l'action, de l'engagement ? Est-ce seulement l'opposé de la routine, la prise de risque ? Est-ce la quête de l'inconnu, le refuge de l'ultime rêveur ?
Jean-Claude Guillebaud, Sylvain Tesson, Gérard Chaliand, Jean-Christophe Rufin, Bruno Corty, Martin Hirsch, Laurent Joffrin, Olivier Frébourg, Olivier Archambeau, Tristan Savin et Patrice Franceschi, hommes qui ont vécu et relaté l'aventure, partagent ici leur expérience et leur réflexion.
L'aventure est peut-être tout simplement la recherche de l'esprit de liberté.

« Impatience, action, exhortation à la curiosité ou à l'engagement, ouverture aux rencontres, quête de l'inconnu… Un manifeste précieux. »

Grands Reportages

POINTS AVENTURE

Un esprit de liberté

Aventures en Guyane

Raymond Maufrais

Voici l'un des récits les plus poignants de l'histoire de l'exploration. En 1950, Maufrais a 23 ans lorsqu'il se lance seul et à pied dans la jungle guyanaise en direction des mythiques monts Tumuc-Humac alors inconnus. On ne le reverra plus. Si un Indien n'avait pas découvert par hasard ses carnets au bord d'une rivière, ce face-à-face exemplaire d'un homme avec son destin ne nous serait jamais parvenu. Le mystère de sa disparition hantera toute une jeunesse éprise comme lui d'idéal, d'aventure et de liberté.

« C'est un livre culte, bouleversant. »

Le Figaro

POINTS AVENTURE

Un esprit de liberté

Dernières nouvelles du Sud

Luis Sepúlveda

En 1996, Luis Sepúlveda et Daniel Mordzinski partent pour un long voyage à travers la Patagonie, de San Carlos de Bariloche au Cap Horn, à partir du 42e parallèle, et retour par la grande île de Chiloé. Ils en ont rapporté ce livre d'aventures, de rencontres, de témoignages sur la transformation d'un territoire mythique, et la marginalisation des Mapuches, peuple d'aborigènes légendaire. Ce voyage sans but, sans boussole, sans souci du temps, est aussi le formidable roman d'un monde à jamais disparu.

« Dernières nouvelles du Sud *est un livre superbe, où le texte et la photo sont indissociables et où le maté se partage à chaque page. Un hymne à la liberté des grands espaces, à la vraie fraternité, et à l'égalité qui devrait régner entre les hommes.* »

Livres Hebdo

POINTS AVENTURE

Un esprit de liberté

Avant la dernière ligne droite

Patrice Franceschi

Du Congo à l'Amazonie et de la mer de Chine à la Nouvelle-Guinée, Patrice Franceschi nous fait le récit de ses innombrables aventures. Il a partagé la vie des Pygmées, des Indiens, des Papous, a été le premier aviateur à accomplir le tour du monde en U.L.M. et a suivi le Nil de sa source à la mer. Il nous raconte aussi la part de sa vie consacrée aux missions humanitaires, de la Somalie au Kurdistan, et dévoile l'intensité de ses années passées au côté de la résistance afghane combattant l'armée soviétique.

« Pour ceux qui veulent réaliser leurs rêves. »

Marianne

POINTS AVENTURE

Un esprit de liberté

Boréal

Paul-Emile Victor

En 1934, l'explorateur Paul-Émile Victor, embarqué sur le *Pourquoi pas* ? du commandant Charcot, découvre le Groenland et les Esquimaux d'Ammassalik. 14 mois durant, il vit seul au milieu d'eux. Boréal est le récit de cette expérience unique. La chasse au narval, la rencontre avec l'ours, les récits des magiciens, Victor retranscrit tout dans son journal. Il partage sa joie de vivre au quotidien et évoque son histoire d'amour avec la jeune Inuit Doumidia. Un véritable documentaire ethnographique, qui est aussi un formidable récit de vie.

« Plus qu'un livre c'est un journal intime, vivant, décousu »

Le Monde

POINTS AVENTURE

Un esprit de liberté

À la recherche de mon fils Toute une vie sur les traces d'un explorateur disparu

Edgar Maufrais

En 1950, Raymond Maufrais, 23 ans, disparaît mystérieusement au cours d'une exploration solitaire des légendaires monts Tumuc Humac, aux confins de la Guyane et du Brésil. Seule piste: son journal, découvert par un Indien à son dernier bivouac (qui deviendra un livre mythique sous le titre *Aventures en Guyane*). Son père, Edgar, se lance sur ses traces et passe le reste de sa vie à parcourir l'Amazonie pour le retrouver. En vain. Voici le récit de sa quête impossible: un des plus poignants témoignages jamais écrits sur la force de l'amour paternel.

« Chronique implacable d'une longue descente " au cœur des ténèbres ", À la recherche de mon fils est une forme de tragédie grecque scellée dans les tréfonds de la jungle. Un récit d'une rare vérité. »

Patrice Franceschi

POINTS AVENTURE

Un esprit de liberté

Seul à travers l'Atlantique et autres récits

Alain Gerbault

Le 15 septembre 1923, Alain Gerbault accomplit l'impensable et débarque à New York sur le Firecrest après une traversée légendaire de l'Atlantique d'est en ouest – exploit encore inégalé. Un an plus tard, le jeune marin entreprend un tour du monde par Panamá, l'océan Indien et le cap de Bonne-Espérance. Suivent ensuite une série de voyages et de périples pour un homme qui, tout au long de sa vie, n'aura de cesse d'aller au bout de lui-même. Une ode inoubliable au courage, à la ténacité et à la liberté.

« [Alain Gerbault n'est] ni tout-à-fait marin, ni tout-à-fait terrien. Son esprit rebelle est émouvant, sa ténacité force l'admiration, ses erreurs et ses errements agacent. Il a finalement eu l'immense mérite d'aller au bout. Combien l'ont fait ? Si son rêve de gloire et de liberté lui a brûlé les ailes, il a vécu avec la mer pour égérie et c'est déjà beaucoup ».

Isabelle Autissier

POINTS AVENTURE

Un esprit de liberté

Mes vies d'aventures
L'homme de la mer Rouge

Henry de Monfreid

De sa naissance à La Franqui jusqu'au jour où il planta son ancre à terre, Henry de Monfreid a traversé un siècle d'aventures : l'appel de la mer, la contrebande, les rivages de la mer Rouge, les régions interdites de la Corne de l'Afrique... Frôlant mille fois la mort, quand d'autres se seraient contentés de rêver, Henry de Monfreid a construit avec passion son destin d'exception. Dans ce journal de bord, tel un conteur oriental, il raconte d'une seule voix ses vies multiples et prodigieuses.

« Sa voix précise est faite pour raconter les combats contre les requins, la plongée aux perles, les poissons-fleurs, les mutilations des vaincus... toutes les aventures de ce Français qui voulut vivre une vie de hardiesse, de solitude et de liberté. »

Joseph Kessel